内蒙古财经大学学术文库

第一辑

# 内蒙古自治区
# 农产品区域品牌竞争力提升研究

Study on Advancing Competitiveness
of Regional Brand
of Agricultural Products in Inner Mongolia

姚春玲 / 著

经济管理出版社
ECONOMY & MANAGEMENT PUBLISHING HOUSE

图书在版编目（CIP）数据

内蒙古自治区农产品区域品牌竞争力提升研究/姚春玲著 .—北京：经济管理出版社，2015.12

ISBN 978 – 7 – 5096 – 4178 – 1

Ⅰ.①内…　Ⅱ.①姚…　Ⅲ.①农产品—品牌—竞争力—研究—内蒙古　Ⅳ.①F327.26

中国版本图书馆 CIP 数据核字（2015）第 311603 号

组稿编辑：王光艳
责任编辑：赵晓静　许　兵
责任印制：黄章平
责任校对：王　淼

出版发行：经济管理出版社
　　　　　（北京市海淀区北蜂窝 8 号中雅大厦 A 座 11 层　100038）
网　　　址：www. E – mp. com. cn
电　　　话：（010）51915602
印　　　刷：北京九州迅驰传媒文化有限公司
经　　　销：新华书店
开　　　本：720mm × 1000mm/16
印　　　张：10
字　　　数：180 千字
版　　　次：2017 年 1 月第 1 版　　2017 年 1 月第 1 次印刷
书　　　号：ISBN 978 – 7 – 5096 – 4178 – 1
定　　　价：48.00 元

# 前　　言

我国农业发展的新纪元已经开启，农产品需求总量刚性增长，消费结构快速升级，农产品市场竞争日趋白热化，与之相伴的是我国农产品区域品牌的快速发展。目前，我国农产品区域品牌领域研究的重要性正逐渐被学术界所认识。已有的研究表明农业现代化、专业化、规模化、特色化以及区域化发展是农产品区域品牌形成和发展的根本动因，同时农产品区域品牌的产生及发展又代表着区域农业经济和农业产业化的发展程度。而作为农产品区域品牌参与市场竞争的能力和其自身资产价值体现的农产品区域品牌竞争力则成为区域农业经济发展、农业竞争力提升及农民增收的重要抓手。

内蒙古自治区地域辽阔，农牧业资源丰富，是我国主要的粮食生产基地和重要的畜产品生产基地。随着内蒙古自治区"8337"发展思路的提出，农产品区域品牌建设跃然纸上，成为内蒙古建成绿色农畜产品加工输出基地，最大限度发挥内蒙古农畜产品绿色无污染这一优势的重要环节。近些年来，内蒙古的农产品区域品牌发展势头良好，虽然与其他省份尤其是国内相对较发达地区相比，内蒙古农产品区域品牌建设仍然存在很多问题，但仍有较大的上升空间。因此，农产品区域品牌建设及其竞争力的提升成为内蒙古农牧业经济发展中亟待研究的关键课题之一。

本书以农产品区域品牌国内外已有研究成果为铺垫，将农产品区域品牌竞争力这一内容作为研究的主线，就如何提升内蒙古农产品区域品牌竞争力这一问题进行了深入而细致的研究。

首先，本书对国内外农产品区域品牌研究进展进行了综述，并对这一领域现有的研究状况及未来研究的发展趋势进行了评述。而后，指出与本书研究相关的概念并对研究的理论基础进行了阐述。另外，从不同层面选取国内外不同地域具有一定影响力的农产品区域品牌作为重点介绍的对象，对这些品牌的创建与发展过程进行了概述，并从中归纳总结出对内蒙古农产品区域品牌建设及竞争力提升值得借鉴的做法，并且以此作为后续研究的实践基础。

其次，本书在对前人研究成果进行整理的基础上，从区域因素、品牌因素、产业因素与支持因素四个方面对影响农产品区域品牌竞争力提升的因素进行了解析，借此将多元主体对农产品区域品牌竞争力的动态提升问题转换为影响因素的静态构成分析；同时对农产品区域品牌竞争力的形成机制进行了探究。以上述研究为前提，根据静态构成要素即区域要素、品牌要素、产业要素和支持要素及其所涵盖的具体影响因素构建了一个包含 4 个一级指标和与之相关的 16 个二级指标的农产品区域品牌竞争力评价指标体系。同时运用模糊综合评价法构建了相应的农产品区域品牌竞争力评价模型；然后，将运用问卷调查法和访谈法获得的内蒙古农产品区域品牌发展的相关数据资料进行相应的处理后，对内蒙古农产品区域品牌竞争力的整体水平进行了测评。评价结果显示，内蒙古农产品区域品牌竞争力最终得分为 76.05 分，处于一般等级，竞争力水平不高。同时评价结果也显示出内蒙古农产品区域品牌竞争力的提升在产业要素和支持要素方面处于劣势，有待进一步提升。而对评价结果进行更为深入的分析后，揭示出区域资源基础、品牌的质量与价格、农业产业化水平及农产品质量安全体系是内蒙古农产品区域品牌竞争力提升中较为重要的影响因素。

最后，本书以前文的定量评价为依据并结合对内蒙古农产品区域品牌竞争力现状、农产品区域品牌竞争力提升障碍及其形成原因的分析，提出了农业产业集群化发展道路、实施农产品区域品牌伞策略以及蒙古族民族特色的品牌形象构筑之路等内蒙古农产品区域品牌竞争力提升路径，并对每一个路径的具体实施进行了较为深入的探讨。明确劣势并加以改进，充分合理利用优势并加以保持和发扬，这是本书的实践意义所在。

# 目　　录

# 1

## 绪　　论

## 1.1　研究背景与研究意义

我国农业发展已进入一个崭新阶段，农产品需求总量刚性增长，消费结构快速升级，农产品市场竞争日趋白热化，与之相伴的是我国农产品区域品牌的快速发展。目前，我国农产品区域品牌的研究方兴未艾，这一领域研究的重要性正逐渐被学术界所认识。

### 1.1.1　研究背景

农业现代化、专业化、规模化、特色化以及区域化发展是催生农产品区域品牌产生的深刻动因，同时农产品区域品牌也是一个地区农业经济和农业产业化发展程度的重要体现。而农产品区域品牌竞争力则是农产品区域品牌参与市场竞争的能力及品牌自身价值的体现，是区域农业经济发展、农业竞争力提升、农民增收乃至新型农业经营主体培育的重要抓手。

由于历史的原因，少数民族地区的农业发展水平与内地相比始终处于落后的地位。农业经济发展水平的滞后不仅制约了民族地区本身的经济发展，而且对全国农业整体发展水平的提高也产生重要影响。少数民族地区大多拥有独特的自然地理条件和丰富的人文历史资源，这一优势为农产品区域品牌的发展提供了肥沃的土壤。因此，农产品区域品牌的创建及其发展就成为促进少数民族地区农业现代化、产业化、规模化发展的有效途径之一；而农产品区域品牌竞争力的提升则是增强少数民族地区农业竞争力，保持少数民族地区农业经济持续发展活力的重要前提。

内蒙古自治区地域辽阔，农牧业资源丰富，是我国十三个粮食主产区之一，是国家主要的粮食生产基地以及重要的畜产品生产和商品基地。作为我国十三个粮食主产区中唯一的一个少数民族地区，内蒙古自然资源和人文资源优势明显。这意味着在内蒙古创建与发展农产品区域品牌具有良好的基础。当前，内蒙古农产品区域品牌的建设与发展已经取得了一些成绩，形成了以苏尼特羊肉、武川土豆、武川莜麦、托县辣椒等为代表的知名农产品区域品牌，但是在内蒙古农产品区域品牌的发展过程中也暴露出很多的问题，如果将内蒙古所属的农产品区域品牌放到全国的宏观环境中去考察，内蒙古和其他省份，尤其是与山东、江苏、浙江等农产品区域品牌发展较好的地区相比，无论是在品牌的自身价值还是品牌的市场影响力等方面都存在着明显的差距。这表明，目前内蒙古农产品区域品牌发展中仍有许多需要进一步完善的方面，而这其中农产品区域品牌竞争力的提升是最为核心的内容。目前全国各个省份都十分重视农产品区域品牌的创建，而品牌的数量也在逐年增多，市场竞争也更加激烈。面对这一现实，如何使本地域的农产品区域品牌独占鳌头，具有较高的品牌价值，则是关系到区域内农产品区域品牌可持续发展的关键性问题。而这一问题正是农产品区域品牌竞争力研究的根本。对于内蒙古这样一个农业经济发展水平落后，但是农牧业资源富集、人文地理环境优越的少数民族地区而言，这一问题的研究则尤为重要。本书的研究选择正是出于上述原因而确定的，开展本书研究的主要目的在于探讨能够使内蒙古农产品区域品牌竞争力实现提升的有效路径。

### 1.1.2　研究意义

本书的研究意义主要表现在以下两个方面：

（1）理论意义。

一是对农产品区域品牌相关理论研究的丰富和发展。

国内外学者对农产品区域品牌的研究呈现出研究的内容和范围逐渐拓展，研究的学科领域由单一学科向多学科交叉发展的趋势。但从总体来看，农产品区域品牌的研究仍然处于起步阶段，高质量、深入系统的理论研究成果不多，研究水平还很有限，理论研究滞后于农产品区域品牌发展实践研究的现象较为普遍。本书针对内蒙古农产品区域品牌的建设及其竞争力提升问题从理论上进行了深入研究，并得出了一些结论。这些尝试有可能形成农产品区域品牌理论研究尤其是针对其竞争力提升研究的新观点、新思路；同时对相似地区的农产品区域品牌竞争力提升问题也会提供有益的参考，也是对这一领域现有理论研究的深化、丰富和发展。

二是对农产品区域品牌实证研究领域的完善和推进。

在农产品区域品牌竞争力实证研究方面，学者们所使用的研究方法已从过去单纯的定性研究开始向定量研究渗透，并呈现出以定量研究为主导的趋势；在定量研究中，研究的指向性日益明显，针对某一地域的农产品区域品牌的实证研究正逐渐成为这一领域新的走势，而本书的研究正是顺应了这一发展趋势。本书采用了文献分析法、理论分析与实证研究相结合以及模型分析法等多种研究方法，来分析内蒙古这一地域的农产品区域品牌竞争力提升问题。这些定量分析方法的运用，使本书研究的开展在一定程度上会对农产品区域品牌竞争力的实证研究起到完善和推进作用。

（2）现实意义。

第一，有助于实现内蒙古产业结构的调整，优化产业布局。

近些年，内蒙古经济持续稳定增长，但在实现经济快速增长的同时，经济发展也存在着一些问题。其中产业结构单一、以资源型产业为主的结构特征还没有得到根本性改变。因此，内蒙古的经济增长仍是依靠资源型产业的拉动，但是随着这些资源的不断消耗，内蒙古的经济发展将面临严重的挑战。这一现实也迫使内蒙古积极调整产业结构、优化产业布局以达到转变经济增长方式的目的。而农产品区域品牌的发展可以促进农牧业经济的可持续发展，提升农牧业经济在内蒙古国民经济中的地位，从而能够打破现有的某一产业独大的格局，对促进内蒙古产业结构和产业布局的调整与优化具有积极的现实意义。

第二，有利于内蒙古农牧业经济增效和农牧民增收。

随着内蒙古整体经济实力的提升，农牧民的收入水平得到了不断的提高，但与城市居民相比，内蒙古城乡居民的收入水平仍存在较大的差距。农产品区域品牌作为农牧业经济发展的重要推动力量，不仅可以有效提升内蒙古农牧业经济的发展质量，同时也会给区域品牌农产品的种植者、养殖者等生产主体带来丰厚的经济收益，促使农牧民收入水平的进一步提高。尤其是对主要以畜牧业养殖和生产为主的牧民来说，发展具有地域特色、民族特色的农产品区域品牌并提升其竞争力则更具深意。

第三，有利于内蒙古农牧业现代化的发展，提高农牧业的综合生产能力。

内蒙古拥有农产品区域品牌发展得天独厚的优势，在此基础上创建更多的农产品区域品牌并不断提升品牌竞争力，必将增强内蒙古农畜产品的市场竞争力，加快内蒙古农畜产品生产的专业化、规模化、标准化及特色化发展进程，提高农牧业的综合生产能力，稳定农畜产品的供给，巩固内蒙古作为国家重要的农畜产品生产和商品基地的地位。

# 1.2　国内外研究现状及评述

### 1.2.1　国外研究现状

从国外现有的研究成果来看，国外学者对农产品品牌的研究起步较早，然而在国外现有的成果中，明确针对农产品区域品牌尤其是针对其竞争力问题进行研究的成果则十分有限，这些有限的研究成果涉及的内容包括：

（1）农产品区域品牌起源、定义与要件及其发展研究。

与我国的地理标志产品相对应，国外学者进行了货源标记、原产地名称和地理标志研究。

货源标记的目的在于使商品和产地之间能够建立起一般性联系，在国外的许多文件中都有关于货源标记的相关规定，如《保护工业产权巴黎公约》（1883年）、《制止虚假、欺骗标示商品来源的马德里协定》（1891年）等。

原产地名称最早被应用于国际贸易当中，1958年的《保护原产地名称及其国际注册里斯本协定》中，对原产地名称进行了明确的规定。后来 Schooler（1965）经过研究证实了中美洲消费者对不同原产地产品存在偏好，由此，原产地名称开始在营销管理领域中得到广泛的运用。

国外关于地理标志的界定很多，但是最具影响力的界定是由 TRIPS 协定作出的，即"地理标志是识别某商品原产于某 WTO 成员国或其地域内的某个地方，该商品的特定质量、声誉或其他特征实质性地归因于其地理来源地"。但是这并不意味着任何一个地理名称都能够自然地成为地理标志，只有当地理名称可以成为区别商品的原产地，具有来自该地域的突出质量、信誉或其他特征时，该地理名称才能成为地理标志。

国外的相关研究表明农产品区域品牌发展历程与货源标记、原产地名称和地理标志的发展是一脉相承的。

日本经济产业省对农产品区域品牌的界定具有一定的代表性。日本经济产业省把农产品区域品牌定义为在一定区域范围内形成，由相互协作的当事人共同使用的并且与当地的自然、历史和文化等相关联的，标明商品和服务的特定品牌。其应具备的要件包括：其一，产品必须有价值；其二，产品必须与当地地域相关联并受当地人喜爱；其三，产品所有人应当在销售上下功夫；其四，消费者愿意购买该品牌产品。可见，日本经济产业省对农产品区域品牌的定义较为全面和完善。

Michalis Kavaratzis（2005）从推动经济入手提出农产品区域品牌属于地区经济的一部分，不仅可以参与制定区域内经济发展的政策，还可以增强区域内民众的凝聚力。Satto Osamu（2005）通过对实施质量追溯体系的欧洲葡萄酒、鸡肉和奶酪的研究，认为对于日本农产品区域品牌的发展而言，形成农业和食品工业的合作，完善品牌管理制度、产品开发、维护产品的质量水平等是重要的影响因素；此外，由于市场依存度高，销售渠道、生产历史以及组织生产的全程管理也是一个问题，而公共部门所制定的认证体系的作用也很重要。

（2）农产品区域品牌竞争力的有关研究。

准确地说国外并没有直接进行农产品区域品牌竞争力研究的成果，只是在某些农产品品牌的研究文献中稍有涉及。其中包括 Lilly White 等通过对法国波尔多特级葡萄酒和美国爱达荷州马铃薯的研究，较早地对农产品区域品牌的类型及其发展中的影响因素进行了分析，提出了基于区域品牌的新墨西哥胡椒产业发展战略；Derden – Little、Feenstra 通过对加利福尼亚州所实施的区域农业市场营销计划的研究，发现以地域名称为基础命名的农产品品牌能够加深消费者对该产品品牌的认知，提高农户的收入。Dipak R. Pant（2005）等通过对欧盟农业发展的研究指出，食品标签政策可以在一定程度上增强区域农产品的竞争力，并能够成功地实现产品的差异化。Koike 等（2006）测算了大米、土豆和牛奶等地域品牌农产品在日本的影响力。其研究从品牌知名度、品牌联想、品牌形象、品牌忠诚度和品牌的感知质量五个方面，通过网上问卷调查获得消费者对上述地域品牌农产品的打分。结果表明，在土豆和牛奶品牌中北海道的地区品牌得分最高，在水稻品牌中新潟县的地区品牌得分最高。Suzuki 等（2009）指出，近来，在国内外作为衡量区域活化作用的区域和地方品牌受到越来越多的关注。他们认为把食品和当地农业联系在一起实施品牌战略容易获得消费者和本地居民的支持，同时也可以获得预期的经济和社会效果。他们还指出应尽力通过生产基地、企业和当地政府来实施区域和地方品牌战略，另外也要试图重新对区域实行新的管理方式。在他们的研究中，通过对新潟越光米现有资料的概括，总结出衡量区域和地方农产品品牌影响力的方法。Johan Bruwer 等（2010）为了能够从区域品牌视角洞察不同性别和年龄段的消费者对美国加州葡萄酒的消费动力，运用网络在线调查的方法，对美国不同地区达到法定饮酒年龄及其以上年龄的人群进行了调查。调查结果显示，消费者对凡是在酒标上印有产地信息的葡萄酒的质量都信心十足。同时指出对葡萄酒消费频率较高的消费者而言，其更容易受到品牌这一因素的影响。Shu – WeiWu（2012）指出农产品区域品牌是一种既可以显示农产品价值，同时又可以避免农产品被市场淘汰的较好的方式。其运用定性与定量相结合的研究方法，以"池上米"这一农产品区域品牌为例，探讨了农产品区域品牌在中国台湾地区发展成功的关键因素。结果表明，区域品牌协议和组织领导者的想法会对农产品区域品牌在中国台湾地区的建设产生巨大的影响。法国 Stephen Charters 等（2013）以香槟为例，提出品牌以地域划分为地区品牌、区域品牌和目的地品牌三类，而区域品牌是依附于某一地区而存在的集体品牌。

### 1.2.2　国内研究进展

国内对农产品区域品牌的研究起步比较晚，但这一领域的研究却是方兴未艾，时间不长但却取得了丰硕的成果。从目前国内已取得的研究成果来看，涉及或明确针对农产品区域品牌竞争力研究的文献数量并不是很多。对这些文献资料进行归纳整理，这一领域的研究主要集中在以下几个方面：

（1）关于农产品区域品牌竞争力概念的界定。

由于农产品区域品牌竞争力是最近几年国内学者开始涉足的研究领域，所以对这一概念给出明确界定的较少。目前，仅有学者沈鹏熠（2012）给出了明确的农产品区域品牌竞争力定义，他认为农产品区域品牌竞争力是农产品区域品牌拥有区别或领先于其他竞争农产品品牌的一种综合竞争能力，涵盖了农产品区域品牌生长和运营环境、企业营销行为和产品市场表现等要素的总体认知和评价。

（2）农产品区域品牌竞争力的理论研究。

从理论上对农产品区域品牌竞争力进行研究的成果很少，而且这些已有的研究成果对这一问题的阐述都较为浅显，并没有揭示出这一问题的实质。如彭代武、李亚林和戴化勇（2009）从理论上对农产品区域品牌竞争力提升问题进行了探讨；张雅凌（2009）分析了河南省农产品区域品牌的建设情况后，指出农产品区域品牌可以将区域资源优势转化为产品优势，从而使区域农产品竞争力得以提升。

（3）农产品区域品牌竞争力的定量研究。

关于农产品区域品牌竞争力的定量研究开展得也较晚，最早对其进行研究的文献出现在 2012 年，这之后有学者相继进行了与之相关的研究，但是研究的进展缓慢。沈鹏熠（2012）的研究不仅给出了明确的农产品区域品牌竞争力定义，同时进行了定量测评，填补了农产品区域品牌竞争力量化研究上的空白。他从资源基础能力、产业发展能力、组织管理能力、品牌创新能力、市场营销能力和品牌资产能力六个方面构建了农产品区域品牌竞争力评价指标体系，并针对农产品区域品牌竞争力的层次性和模糊性特点，利用模糊综合评价法建立了具体的评价模型，并运用该模型对江西省婺源绿茶这一农产品区域品牌的竞争力进行了有效测评；测评的结果显示，婺源绿茶在产业发展能力、品牌创新能力、市场营销能力和品牌资产能力上最为薄弱，应该加强这些方面的实力。他同时指出其所构建的模型，可以对处于不同地域及发展阶段的农产品区域品牌竞争力进行综合测评，如果农产品区域品牌竞争力有待提高，则可以考虑从资源基础能力、产业发展能力、组织管理能力、品牌创新能力、市场营销能力和品牌资产能力六个方面着手加以提升。另外，其所构建的模型还可以通过对不同农产品区域品牌竞争力评价得分的比较，从而找到不同农产品区域品牌之间的量化差异及形成这一差异的原因。李德立等（2013）在吸取前人研究成果的基础上，运用综合方法论，构建了农产品区域品牌竞争力影响因素结构方程模型，这一模型包括5个潜变量即品牌资源力、品牌基础力、品牌支撑力、品牌发展力和农产品区域品牌竞争力及与之相对应的20个观察变量。使用AMOS19.0软件对所构建的模型进行了验证与分析，结果显示，其所考察的因素对农产品区域品牌竞争力的影响程度由大到小依次为：品牌支撑力、品牌发展力、品牌基础力和品牌资源力。李羚翎等（2014）基于文献回顾和嘉兴市的实地调研，构建了农产品区域品牌成长力因子模型。运用效度、效度测量和回归分析的方法进行检验，研究发现，基因成长性、种群强壮性和环境适应性是影响农产品区域品牌可持续发展的关键因素。虽然其研究并不是直接针对农产品区域品牌竞争力展开的，但品牌的可持续发展能力与品牌竞争力从某种程度来说具有高度相关性。

（4）涉及农产品区域品牌竞争力的相关研究。

对这一内容的研究成果较多，虽然并不是直接针对农产品区域品牌竞争力问题进行的研究，但是所研究的内容或多或少都会对农产品区域品牌竞争力的形成或提升产生一定的影响。具体包括：

一是农产品区域品牌的性质与特征研究。

王艳（2008）认为农产品区域品牌既具有一般农产品品牌的特点，又具有显著的区域品牌特征，表现在：地域性和资源共享性；文化持久性和市场排他性；名牌效应性和消费从众性；实体性和品牌虚拟性等方面。黄俐晔（2008）认为准公共产品、区域独特性和广泛、持续的品牌效应是农产品区域品牌的特征。易亚兰等（2010）认为农产品区域品牌具有以下特性：以特色优质农产品为物质载体，具有产权模糊性。李亚林（2010）则认为农产品区域品牌除了准公共产品和区域独特性这两个特征外，还具有外部性和"柠檬市场"效应的特征。上述学者的研究揭示出农产品区域品牌自身的独特性，为后续学者探讨如何进行品牌建设及其竞争力提升提供了重要的参考。

二是农产品区域品牌的形成与成长路径研究。

胡正明等（2010）在借鉴工业区域品牌建设经验的基础上，构建出农产品区域品牌的形成与成长模型，即区域产品—农产品集群—农产品区域品牌形成—农产品区域品牌成长—品牌稳定发展/区域品牌消亡五个阶段；同时指出应根据农产品区域品牌每个阶段的核心表现和发展重心采取不同的发展策略，以保证农产品区域品牌的良性发展，避免品牌的消亡。沈鹏熠（2011）分析了农产品区域品牌形成的主观条件和客观条件，在借鉴已有的区域品牌形成模型的基础上，结合农产品区域品牌所具有的特点，构建出农产品区域品牌形成过程体系框架，同时指出了农产品区域品牌形成与成长的路径选择模式。最后提出促进农产品区域品牌健康发展的 5 个运行机制：利益机制、竞合机制、学习和创新机制、传播机制和监督机制。赵丽（2012）认为尽管各个地区农业发展的情况不同，但农业区域品牌的建设路径也具有一定的共性，即政府主导和政策引导、积极创建，培育经营主体和强化科技支撑，做好宣传推介，并指出这些共性在农产品区域品牌建设中所具有的重要意义。林德荣（2012）将农产品区域品牌的成长过程划分为萌芽期、开拓期、深化期和成熟期四个阶段，并对每个阶段中影响品牌发展的主要因素进行了阐述。杨晓丽（2013）通过对新疆哈密瓜、西湖龙井和寿光蔬菜三个典型农产品区域品牌形成路径的分析，认为区域地理环境和自然资源、历史和文化底蕴以及区域经济发展水平是促使农产品区域品牌形成的重要因素。高建军等（2014）在对农产品区域品牌和农业产业集群的良性互动关系进行分析的基础上，对产业集群视角下农产品区域品牌的影响因素、农产品区域品牌的形成机理与提升路径进行了探究。

三是农产品区域品牌的建设问题研究。

农产品区域品牌的建设状况将直接影响其竞争力的提升，国内对农产品区域品牌建设问题的探讨和研究成果十分丰富，不同学者从不同的角度对农产品区域品牌建设中所遇到的问题进行了研究，本书从中选取具有一定代表性的研究成果来加以综述。

周发明（2006）、郑秋锦等（2007）、朱思文（2008）、薛桂芝（2010、2012）、马清学（2010）、黄俐晔（2008）、易亚兰等（2009）、刘进等（2010）、鲍金伶等（2012）、李亚林（2012）、刘婷（2014）分别就建立农产品区域品牌的必要性、创建意义、建设模式、建设主体、创建农产品区域性品牌应遵循的原则、创建机理、标准化传播、发展战略以及农产品区域品牌建设和发展所需的多种机制等问题进行了研究。李学工等（2009）依据"公共物品私人自愿供给"理论和博弈论，对农产品区域品牌建设中的"公共物品私人自愿供给"问题进行了初步的探索，其研究首先对不考虑其他因素情况下的农产品区域品牌私人供给进行了博弈分析，而后在此基础上引入政府和农协因素并进行相应的博弈分析，分析后认为在农产品区域品牌的建设过程中，引入外界因素，如政府的扶持和农协的技术支持可以实现区域品牌投入自愿供给的最优化，同时指出已经创建的农产品区域品牌在缺乏有效监管措施的情况下，可能会出现"柠檬市场"效应。王志刚等（2010）通过对日本农产品区域品牌的保护制度进行分析和评价，认为中国应该以日本为鉴，从本国国情出发，通过完善农产品区域品牌的相关法律、法规，发挥政府的职能，发展产品保护行业协会，强化安全质量标准体系的监控并大力发展市场推广与广告宣传等措施来促进中国农产品区域品牌的保护和发展。霍彤等（2010）、闵闽（2012）对农产品区位（域）品牌建设中政府行为的必要性、可行性、可作为空间及作用等问题进行了探讨。王军等（2014）以长白山人参品牌为例，以农产品区域品牌发展的三个阶段为基础，对政府在农产品区域品牌整合过程中的行为进行研究。他们认为在农产品区域品牌发展的不同阶段，政府的行为也会随之增加，与之相伴的是品牌价值的提升，并且政府行为所导致的品牌价值的提升会随着品牌发展而进行积累。叶培群等（2012）基于浙江绿茶"母子商标"的调研，对如何构建农产品区域公用品牌的"四位一体"联动管理模式进行了研究。曹长省（2013）分析了日本、法国、荷兰等国家农产品区域品牌的发展经验，并立足于中国的国情，提出了具有中国特色的农产品区域品牌发展方式和对策。王丰阁（2014）运用博弈论中的"智猪博弈模型"对农业龙头企业和其他中小企业在农产品区域品牌建设中的策略选择进行了分析，分析结果表明，在农产品区域品牌的建设中农业龙头企业具有非常重要的作用，同时指出政府部门应该发挥积极的引导作用，并采取相应的措施以鼓励农业龙头企业积极参与到农产品区域品牌的建设中。

刘丽等（2006）、吴菊安（2009）、何吉多等（2009）、王剑芳等（2011）、陈小军等（2012）、冯云（2013）基于产业集群的视角对农产品区域品牌的生成机理、品牌建设等问题进行了思考。许基南等（2010）以消费者感知为视角分析了特色农产品区域品牌的形象结构，首先，指出区域形象是其形象结构中最为重要的组成部分；其次，是产品形象、特色农产品的质量保证、食品安全、农产品的口感、营养成分以及社会认同等；再次，是产销企业形象，产销企业的社会营销，以及产销企业的规模和实力；最后，是消费者形象。上述农产品区域品牌形象构成部分都会不同程度对消费者感知产生影响。陈小军等（2012）从产业集群的视角，对湖南省农产品区域品牌创建过程中存在的一些风险进行了探讨，并从不同层面提出规避风险的相应对策。冯云（2013）基于产业集聚区对河南省农产品区域品牌建设问题进行了研究。王华东等（2012）在农业会展节庆视角下，讨论了如何对农产品区域公用品牌进行提升的问题。韩国明等（2009）在自主组织理论视角下，探究了实现有效维护地域农产品品牌的制度安排。

郭锦墉（2005）、李琳等（2013）对江西特色农产品区域品牌的经验问题及发展战略进行了探索；王庆（2008）对福建农产品区域品牌培育进行了研究；马清学（2009）以中国十大名茶之一的"信阳毛尖"为例，研究了如何对农产品区域品牌进行保护与推广；佟光霁（2009）认为农产品区域品牌的打造，对于增强区域农业竞争力具有十分重要的作用。其在对国外农产品区域品牌建设经验进行总结的基础上，提出了促进哈尔滨市农产品区域品牌建设的五点启示；穆克洋（2011）就杭州市农产品区域品牌的现状及其发展问题进行了阐述；宋丽莉等（2011）以山东潍县萝卜为例对农产品区域品牌集群化建设进行了研究；朱丽娟等（2012）对农产品区域品牌——"寒地黑土"建设的成功经验进行了研究。刘守贞等（2012）以烟台苹果为例说明了如何进行农产品区域公用品牌的培育与发展；朱思文等（2008）、陈小军等（2012）、吴小平（2012）对湖南省农产品区域品牌的发展对策进行了研究；田云章（2012）对陕西省汉中市农产品区域品牌建设问题进行了探讨；刘倩倩（2012）对浙江奉化水蜜桃品牌的提升策略进行了浅析；余得生等（2013）详细阐述了赣南脐橙的现状及其所具有的特征，并提出了强化赣南脐橙这一区域品牌发展的策略。陈炜等（2007）、张欢等（2010）、张晓莉等（2012）、郑娜（2014）、李晓红等（2015）分析并思考了新疆农产品地域品牌建设及其发展策略问题。易正兰（2009）对新疆库尔勒香梨品牌的成长道路进行了解析。任同伟等（2014）以对新疆11家涉农企业的调研数据为依据，运用灰色关联度模型，对企业参与新疆农产品区域品牌建设的意愿情况进行了研究，并以研究成果为基础提出能够提高企业参与农产品区域品牌建设意愿度的建议。王剑芳等（2011）在对国内外关于产业集群理论和区域品牌相关文献进行归纳概述的基础上，以云南省红河哈尼族彝族自治州为例，提出了塑造特色农产品区域品牌的模式，并提出了使这些模式有效实施的建议。

（5）内蒙古农产品区域品牌竞争力研究综述。

在国内已有的研究成果中，仅有部分文献涉及内蒙古农产品区域品牌竞争力问题研究，没有直接就这一问题进行相关研究的成果。

李静（2012）在对内蒙古农产品区域品牌发展现状以及建设条件进行调查分析的基础上，提出了明确农产品区域品牌经营主体、建立和完善以质量标准为核心的体系及重视通过多元化的媒介来进行农产品区域品牌的市场推广等内蒙古农产品区域品牌发展战略。

除此之外，在现有文献中涉及内蒙古农产品区域品牌的研究主要集中在与农产品区域品牌关系极为密切的地理标志（资源）保护方面。关于这一领域的研究从总体上看基本上都集中在如何合理利用内蒙古的地理标志资源，以及如何从法律及其相关制度的角度对内蒙古的地理标志资源进行保护等对策性研究方面。

杨德桥（2009）、韩弘力等（2010）提出了盘点内蒙古的地理标志存量，积极申报，彻底改变有品无牌的现状；加强地方立法，为地理标志保护提供系统的法律依据，明确地理标志的权利主体。

制定严格的地理标志质量和改进制度；建立符合内蒙古区情的产品地理标志保护机构以及建立地理标志的保护救济制度等内蒙古地理标志保护的设想与建议。

王乐宇（2010）提出应该认真盘查内蒙古地区的地理标志资源存量，切实实施商标富农富牧战略；加强内蒙古地区地理标志产品的域内宣传与域外宣传，逐步扩大产品知名度与竞争力；鼓励、指导内蒙古地区地理标志产品生产者、经营者申请集体商标或者原产地证明商标，完善地理标志审查工作机制；引导、组织成立内蒙古地区具体地理标志产品管理组织，制定相关制度和规则及加强对内蒙古地理标志产品的质量监控，维护其无形资产信誉等。

上述成果是从整体上对内蒙古地理标志产品（资源）进行的研究，但没有明确将地理标志产品区分为农产品地理标志和非农产品地理标志而进行更为细化的研究，这一点可以作为内蒙古学者进行后续研究的重要参考方向。

### 1.2.3　国内外研究评述

文献回顾表明，国内外现有的文献中明确针对农产品区域品牌竞争力的研究成果并不多，相比较而言，与之相关的研究成果却较为丰富。综观国内外学者的研究，可以发现对于农产品区域品牌竞争力的研究是以农产品区域品牌的培育、发展及建设作为依托，在此基础上逐渐开展对农产品区域品牌竞争力的理论研究，这些理论研究主要是针对农产品区域品牌竞争力的形成、提升等影响因素来进行分析。近几年对农产品区域品牌竞争力的量化分析开始得到学者们的关注，虽然目前的研究成果并不多，但是从研究的深度、研究成果的质量来看均有明显的提升。但是现阶段有关农产品区域品牌竞争力的实证研究还仅局限于微观层面即针对某一种或某一类农产品区域品牌竞争力水平的测度上，而从宏观角度即从整体上对某一地域农产品区域品牌竞争力提升进行研究的成果还未出现。所以，农产品区域品牌竞争力研究仍然是国内外农产品区域品牌研究中一个非常薄弱的环节。而本书的研究无疑是对农产品区域品牌竞争力研究尤其是实证研究方面的完善与补充。

# 1.3 研究内容、研究方法及技术路线

## 1.3.1 研究内容

本书以国内外农产品区域品牌现有的研究文献为前提，以竞争力研究的相关理论为基础，以农产品区域品牌竞争力的影响因素与形成机制分析为依据，对内蒙古农产品区域品牌竞争力展开评价分析，根据评价的结果提出有效的内蒙古农产品区域品牌竞争力提升路径。本书研究的具体内容如下：

第 1 章　绪论。本章首先对本书研究的背景与开展研究的意义进行阐述；而后对国内外农产品区域品牌研究成果进行梳理，并对这一领域现有的研究状况进行评价，对其未来的发展趋势进行了预测；最后说明了本书采用的研究方法、技术路线、本书的内容和结构安排。

第 2 章　研究的相关概念与理论基础。本章主要介绍与竞争力研究相关的主要理论，并对竞争力、品牌竞争力、农产品品牌竞争力、农产品区域品牌和农产品区域品牌竞争力进行了界定与区分，最后提出本书对农产品区域品牌竞争力概念的界定及其内涵。

第 3 章　内蒙古农产品区域品牌建设及存在问题分析。本章对目前内蒙古农产品区域品牌的建设成果及其竞争力情况进行了梳理；而后针对内蒙古农产品区域品牌发展的实际情况，对影响内蒙古农产品区域品牌竞争力提升的障碍及其成因进行了探究。

第 4 章　农产品区域品牌竞争力的影响因素及其形成机制。本章从区域要素、品牌要素、产业要素和支持要素四个方面对影响农产品区域品牌竞争力的因素进行了解析，同时对农产品区域品牌竞争力的形成机制进行了探讨。

第 5 章　农产品区域品牌竞争力评价指标体系构建及综合测度。本章首先在前文研究的基础上构建了农产品区域品牌竞争力评价指标体系，并运用相应的统计方法建立了农产品区域品牌竞争力评价模型。其次，采用内蒙古有关数据资料对其农产品区域品牌竞争力进行综合测度，得出内蒙古农产品区域品牌竞争力的最终评价结果。最后，通过对评价结果的讨论及制约因素的进一步分析，找出内蒙古农产品区域品牌竞争力提升的主要制约因素。

第 6 章　国内外经验借鉴。本章主要从农产品区域品牌建设的不同层次与不同侧面，选取了国内外相对成功的案例与较为成熟的做法，作为研究的实践经验

基础。国外农产品区域品牌建设主要对日本、美国和法国发展农产品区域品牌的成功经验以及具有一定代表性的农产品区域品牌的发展历程进行了分析总结。国内农产品区域品牌案例则选取浙江省、黑龙江省和江苏省三省较为典型的农产品区域品牌作为分析对象，对其农产品区域品牌的管理及竞争力提升的做法与经验进行了归纳总结。

第7章　内蒙古农产品区域品牌竞争力提升路径分析。本章在前文研究的基础上，以内蒙古的实际情况为出发点，因地制宜提出了内蒙古农产品区域品牌竞争力提升的具体路径，并对每一种路径与内蒙古农产品区域品牌竞争力提升之间的内在联系进行了深入的阐述。本章的研究具有重要实践意义。

第8章　内蒙古农产品区域品牌竞争力提升策略。针对第七章所提出的内蒙古农产品区域品牌竞争力路径制定与之相适应的具体实施对策与措施。

第9章　结论与展望。这一部分对本书的研究所得出的结论进行了总结概括，并结合"中俄蒙经济走廊"建设以及我国"一带一路"发展战略的提出对内蒙古农产品区域品牌未来的发展进行了展望。

### 1.3.2　研究方法

本书主要采用的研究方法有：

（1）文献分析法。

本书运用文献分析法对国内外农产品区域品牌这一领域的相关研究文献进行了归纳分析，以此作为本书写作的基础来进一步展开后续的研究工作。

（2）理论分析与实证研究相结合。

理论分析为实证研究提供理论指导，实证研究对理论分析结果进行检验、深化和完善。一切实证研究都是以一定的理论假设为基础，同样农产品区域品牌竞争力研究也是以农产品区域品牌的理论研究成果为基础的。理论分析与实证研究相结合有助于增强农产品区域品牌研究结论的适用性。具体来说，本书从理论上对内蒙古农产品区域品牌建设及存在问题、农产品区域品牌竞争力的影响因素及其形成机制等内容进行了分析；而后以对上述内容的理论分析结果为基础运用实证研究的方法，通过构建农产品区域品牌竞争力评价指标体系对内蒙古农产品区域品牌竞争力总体水平进行了实证分析。

（3）定性分析与定量分析相结合。

农产品区域品牌竞争力研究需要对相关问题的性质和数量进行深入分析，因此本书采用定性分析与定量分析相结合的方法。

定性分析方法的运用主要体现在对农产品区域品牌竞争力的影响因素及其形成机制这一问题的分析方面。

定量研究方面主要体现在对内蒙古农产品区域品牌竞争力的综合测度方面。由于农产品区域品牌竞争力所依据的指标具有层次性和不确定性，因此本书采用模糊数学和层次分析相结合的方法来进行农产品区域品牌竞争力的评价。通过模糊数学的方法将不确定的指标进行量化，并为各指标因素进行合理的权重分配，尽量反映出各指标因素间的层次和模糊关系，进而使最终的评价结果能够对现实情况有更为客观的反映。

具体来说，在构建农产品区域品牌竞争力评价指标体系时，主要运用文献回顾法和访谈法首先确定预试问卷，然后进行预试，预试后运用 SPSS 统计分析方法剔除不符合条件的因素，而后对其进行效度和信度检验，在通过检验后，用因子分析的方法确定构成农产品区域品牌竞争力的一级指标，然后形成正式的调查问卷，此后将进行正式的问卷调查。在确定指标权重时，分别采取专家问卷法、层次分析法确定一级和二级指标的权重。在对内蒙古农产品区域品牌竞争力进行综合评价时除上述方法外还要结合模糊数学的方法来进行。

### 1.3.3　技术路线

本书的写作遵循的是提出问题—分析问题—解决问题的传统思路。具体来说是按照以下的技术路线来进行研究的：通过对研究背景和意义的阐述提出本书所要研究的问题；在文献综述的基础上建立研究的理论框架，并确定所使用的具体评价方法；在研究的相关概念与理论基础分析的前提下，剖析农产品区域品牌竞争力的影响因素与形成机制；应用文献资料、部门资料分析内蒙古农产品区域品牌竞争力的现状；运用问卷调查、访谈资料对内蒙古农产品区域品牌竞争力进行综合测度；应用文献资料归纳总结日本、美国和法国等国外地区及浙江省、黑龙江省和江苏省等国内地区农产品区域品牌建设经验；最后在理论阐述、借鉴国内外成功经验和做法与评价现实状况的基础上提出提升内蒙古农产品区域品牌竞争力的有效路径，并结合内蒙古的实际情况进一步分析实现上述路径的具体的提升策略（见图 1－1）。

研究开始

1绪论

2研究的相关概念与理论基础

3内蒙古农产品区域品牌建设及存在问题分析

4农产品区域品牌竞争力的影响因素与形成机制

产业要素

区域要素

品牌要素

支持要素

竞合机制

学习和创新机制

监管机制

利益机制

成因分析

提升障碍

内蒙古农产品区域品牌竞争力综合测度

农产品区域品牌竞争力评价指标体系构建

5农产品区域品牌竞争力评价指标体系构建及综合测度

7内蒙古农产品区域品牌竞争力提升路径分析

6国内外经验借鉴

8内蒙古农产品区域品牌竞争力提升策略

形成结论

研究结束

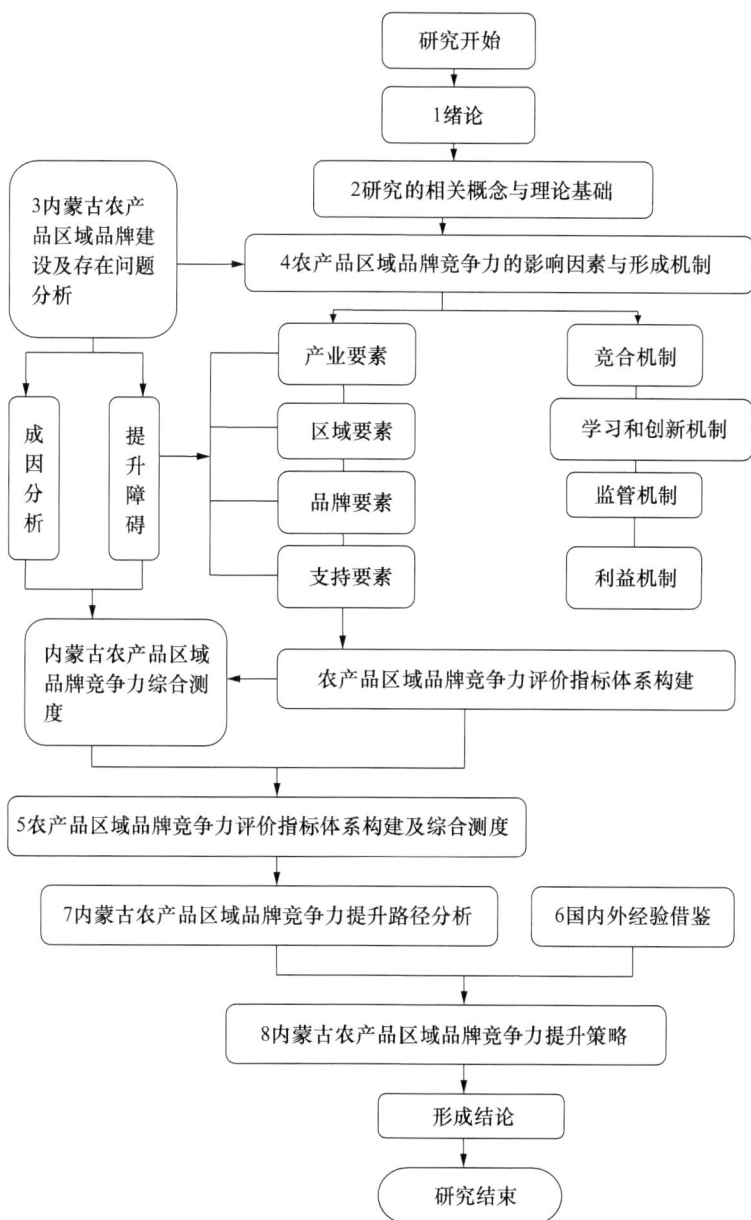

图 1-1 内蒙古农产品区域品牌竞争力提升研究的逻辑框架与技术路线

# 2

## 研究的相关概念与理论基础

竞争力是经济领域非常复杂且非常重要的概念，最早是以企业竞争力的形式出现在西方发达国家的学术研究领域中。竞争力研究的对象非常广泛，可以是国家、区域、企业、产业、产品等，因而会随之衍生出与之相对应的概念，如国家竞争力、区域竞争力、产业竞争力、企业竞争力等。正是由于竞争力的复杂性，使得目前为止对其的研究仍没有形成一致认可的理论分析框架和结论。不同的机构和学者所从事的研究领域各有侧重，加之研究的学术背景和研究的理论框架也存在着差异，因此，对竞争力的理解也就不同，对竞争力概念的界定也各有不同。国内外学者对竞争力的研究界定，很少是针对竞争力这一概念本身来展开的，而是主要针对具体研究对象的竞争力概念进行界定，比如之前提到的国家竞争力、企业竞争力、产业竞争力等概念的界定。但是，无论学者们所给出的是竞争力本身的概念抑或是与之相关的研究对象的竞争力概念，其基本内容可归纳为，竞争力就是指两个或两个以上竞争者在竞争过程中所表现出的相对优势、比较差距、吸引力与收益力的一种综合力。

## 2.1　相关概念

本章涉及的与研究相关的概念主要有：品牌竞争力、农产品品牌竞争力和农产品区域品牌。

### 2.1.1　品牌竞争力

关于品牌竞争力的定义，不同的学者有不同的观点，如美国著名品牌研究学者戴维·阿克（David Aaker）（2002）认为，品牌竞争力是在一定的市场环境中企业拥有的塑造强势品牌并支持强势品牌持久发展的能力。邝红艳（2002）认为，品牌竞争力是品牌在竞争的环境中，为谋求企业长远发展，通过对自身可控资源的有效配置和使用，使其产品和服务比竞争对手更好更快地满足消费者，为企业提供超值利润的能力。李光斗（2004）认为，品牌竞争力是企业的品牌拥有区别于其他竞争对手或在行业内能保持独树一帜，能引领企业发展的独特能力，这种能力能够在市场竞争中显示为品牌内在的品质、技术性能和完善的服务。许基南（2005）认为，品牌竞争力是指企业通过对资源的有效配置和使用，使其品牌比竞争对手的品牌更好地满足消费者的需求，从而在扩大市场份额、获取高额利润方面与竞争品牌在市场竞争中产生的比较能力。蒋璟萍（2009）指出，品牌竞争力就是品牌所表现出来的区别或领先于其他竞争对手的独特能力，或者说它是从品牌整体优势去占领市场和获取超额利润的能力，它包括物质竞争力、文化竞争力和市场竞争力。曹航等（2011）认为，品牌竞争力是指企业利用其占有配置资源的差异，通过产品（或服务）品牌竞争的形式表现出来区别或领先于其他竞争对手的综合能力，这种独特能力使企业某品牌产品（或服务）更好地满足消费者的需求，从而扩大该产品（或服务）的市场份额，获得保持并扩大其竞争优势。吕艳玲、王兴元（2012）将品牌竞争力的内涵解读为：品牌竞争力是企业综合竞争力的市场表现形式；品牌竞争力的根源在于品牌企业的差异化优势及由此带来的顾客价值优势；品牌竞争力是企业有效资源配置的结果，同时，其自身也构成企业发展的一项重要资源。

综上所述，尽管学者们对品牌竞争力界定的角度存在着不同，但仔细研读后，仍然可以从众多界定中探寻出品牌竞争力的一些共性内容，对这些共性内容进行进一步的归纳分析。本书认为品牌竞争力是竞争力的一种具体表现形式，是企业通过对产品、企业内部及外部环境等资源进行整合后，在参与市场竞争的过程中与竞争对手相抗衡时，透过品牌所表现出来的企业拥有的一种市场力量，凭借这种力量企业能够在激烈的市场竞争中战胜竞争对手，获得自身的持久发展。

### 2.1.2 农产品品牌竞争力

品牌竞争力大致可以区分为产品、企业、产业和国家四个层次的品牌竞争力，相比较而言，产品层面的品牌竞争力其范畴较为宽泛，而农产品品牌竞争力就属于其中的一类。

在现有文献中，莫金玲（2006）认为农产品品牌竞争力是指农产品被赋予商标名称之后所具有的一种区别于其他非品牌农产品进而使企业获得持续的市场竞争优势。王保利、姚延婷（2007）认为，农产品品牌竞争力是指农产品生产商的品牌拥有区别或领先其他竞争对手的独特能力，能够在市场竞争中显示出该品牌的农产品具有良好的内在的产品功能要素、外在的企业和产品的形象要素以及在把握消费者的心理要素的基础上，引起消费者良好的品牌联想进而促进其购买行为。蔡靖杰（2010）指出：农产品品牌竞争力是农产品在市场竞争中，依靠品牌所携带的产品和服务的信息（包括价格、良好的质量保证、高度的信誉、特有的差异性和良好的口碑等综合要素）使得消费者获得良好的品牌联想，进而诱发其对拥有品牌农产品的购买行为，农产品品牌竞争力是由品牌所赋予农产品企业区别于其他竞争对手而获得自身持久的市场获利能力。

简言之，农产品品牌竞争力就是品牌农产品在参与市场竞争时在产品功能、品牌形象等方面所表现出来的与竞争对手相区别的市场竞争优势；凭借这些竞争优势不仅可以诱发消费者对品牌农产品的购买行为，同时使农产品生产者能够具有较强的市场获利能力。

### 2.1.3　农产品区域品牌

农产品区域品牌是指在特定的地理环境中，以独特自然资源及长期的种植、养殖、采伐方式与加工工艺等生产的农产品为基础，经过长期的积淀而形成的被消费者所认可的，具有较高知名度和影响力的区域农产品标识。由上述定义可知作为区域品牌的农产品是指广义的农产品概念，即涵盖农、林、牧、副、渔等各业的农产品。农产品区域品牌的特征主要体现在以下三个方面：

一是区域独特性。

农产品区域品牌的形成是以区域内特殊的气候、土壤等自然地理条件及人文历史、传统工艺等为基础的。在区域的长期发展中，这些自然因素和区域人文因素赋予了区域农产品与其他同类农产品所不具备的天然的差异性及相对的资源稀缺特性，从而使该地域的农产品在市场竞争中更易于形成竞争优势。

二是具有产权界定的模糊性。

农产品区域品牌是一种地域性的公共品牌，是一种准公共物品。从其产生和发展的过程看，农产品区域品牌在区域社会发展中首先得以逐渐形成，而后由经营主体将其品牌化，这也就意味着农产品区域品牌是其区域的独有资产，因此，区域内的所有农产品经营者都有使用该品牌的权力。由此导致农产品区域品牌的权力边界模糊，产权不明晰。产权归属不清晰极易导致"搭便车"行为的发生，从而使品牌难以逃脱"公地悲剧"的厄运。鉴于此，被大众所熟知的伊利、蒙牛等内蒙古区域品牌则不在本书的讨论范围中。

三是具有名牌效应和消费从众性。

农产品区域品牌作为一种特殊的品牌，因其广泛而持久的品牌效应成为区域内非常有价值的资源之一。成功的农产品区域品牌可以为消费者提供购买决策的依据，为消费者区分同类不同品牌农产品提供重要的信息参考。此外，农产品区域品牌自身蕴含的丰富的人文历史能从更深层次影响消费者的行为决策，而其所具有的名牌效应，又能引起广大消费者的从众行为，产生"羊群效应"，使得越来越多的消费者去购买同一品牌的农产品。

### 2.1.4　农产品区域品牌竞争力

农产品区域品牌是一种特殊的农产品品牌，与一般的农产品品牌相比，农产品区域品牌更强调农产品所在地域的自然地理条件及人文资源要素优势，具有明显的地域性特征，同时又具有准公共物品的属性。

前文给出了学者沈鹏熠（2012）对农产品区域品牌竞争力的定义，该学者的界定侧重于从营销学的视角来考察农产品区域品牌竞争力。但综观农产品区域品牌的发展历程，其本质是各种因素共同作用所形成的一种综合能力。因此，本书认为农产品区域品牌竞争力是某一地域的农产品品牌参与市场竞争时在农产品生长环境、品质、功能、形象、品牌文化等方面所透露出来的区别或领先于其他区域农产品品牌的独有优势，使本地域的品牌农产品在与其他区域的同类农产品品牌相互较量时，能够在满足消费者需求方面表现出更为明显的优势，同时在品牌管理者有力营销行为的辅助下为更多的消费者所认可和信赖；从而凭借区域品牌整体优势在市场竞争中获得较大市场份额和超额利润的一种综合竞争能力。

针对农产品区域品牌竞争力的概念，可以从以下几个方面对其内涵加以理解：

（1）农产品区域品牌竞争力衡量的是地区资源优势和区位优势转化为农产品竞争优势的程度，同时也是某一地域农业竞争力的体现方式之一。

（2）农产品区域品牌竞争力要受到区域内诸多因素的影响。农产品所在区域的政府政策、农业生态环境、农业资源禀赋、历史人文要素、农业科技水平、农产品质量体系等都是影响农产品区域品牌竞争力强弱的因素。

（3）农产品区域品牌竞争力是在品牌的运营中逐渐形成的，即它是在不断变化的动态演进过程中产生的，而不是静态的产物。农产品区域品牌必须依靠创建主体的运营管理或者是企业的营销行为，才能使该品牌获得良好的商誉并在市场竞争中占有越来越大的市场份额，即品牌竞争力的形成。

## 2.2　理论基础

农产品区域品牌竞争力是一个综合性的概念，涉及区域内的众多因素，不同的因素对区域农产品品牌市场竞争力的影响方式和影响程度各不相同。从市场竞争的基本形态看，区域差异是形成竞争优势的前提，农产品区域品牌竞争力研究的理论前提应是如何通过差异获取竞争优势的相关理论。因此，比较优势理论和竞争优势理论就成为农产品区域品牌竞争力研究的理论基础。

### 2.2.1　比较优势理论

1817 年，大卫·李嘉图在继承了亚当·斯密绝对优势理论思想的基础上，提出了比较优势理论。亚当·斯密把劳动分工思想应用于国际贸易领域的研究，认为各国劳动生产率的绝对差异是国际贸易产生的基础，同时也是产业竞争力的来源。大卫·李嘉图延续了把劳动生产率差别视为国际贸易动因和竞争力来源的思路，认为任何参与贸易的国家在生产方面都会存在一定优势或劣势，即使一个国家在任何商品的生产上都具有优势或劣势，但只要有利或不利的程度不同，在这样的情况下，两个国家仍然可以通过国际分工和贸易而相互获得利益。李嘉图的研究使亚当·斯密的研究思想得以传承，使其理论更具适用性和解释力。而李嘉图之后的学者对其理论进行了大量的实证检验，检验的结果肯定了李嘉图的比较优势理论，从而支持了李嘉图的贸易模式。

其后学者们对决定比较优势形成的各种因素进行了不断的探索。1993 年，赫克歇尔和俄林提出了要素禀赋论，认为区域之间或国家之间生产要素的禀赋差异是它们之间出现分工和发生贸易的主要原因，也是比较优势得以形成的源泉之一。他们指出，如果各个国家都密集地使用丰富的要素生产商品就能获得比较优势。在国际贸易中它们就能够出口使用低廉生产要素比例大的商品，进口使用昂贵生产要素比例大的商品。这样既发挥了各自的比较优势，又满足了相互的需求。

20 世纪 70 年代，比较优势理论迎来了一个新的发展时期，这一时期的开始是与国际贸易中产业内贸易的兴起相伴随的。Helpman 和 Krugman（1985）用规模经济来对比较优势进行分析，认为比较优势在大多数情况下是内生的，即通过后天获得的，而并非像传统比较优势理论所指出的那样是外生给定的。两位学者同时指出内生比较优势可以通过规模经济和外部经济来获得。Grossman 和 Helpman（1989、1990）对比较优势理论的研究角度进行了转换，从研究与开发的视角对比较优势理论展开了动态分析，摒弃了先前盛行的静态分析。Yang 和 Borland（1991）基于专业和分工的角度对内生比较优势理论进行了拓展分析，指出随着分工水平的变化内生比较优势也会随之而发生改变。Dollar（1993）认为技术差异可以对发达国家短期内专业化程度不断加深做出较为有效且合理的解释。而对现有技术的不断创新和制定培养技术型劳动力的制度则是发达国家高新技术产业长期比较优势形成的重要源泉。Grossman 和 Maggi（2000）建立了一个要素禀赋相似的不同国家间开展贸易竞争的模型，借助这个模型探讨了人力资本的配置对国家间比较优势的形成以及贸易所产生的影响。Fisher 和 Kakkar（2002）认为在开放经济的长期演化过程中逐渐形成了比较优势，而比较优势的专业化将成为世界经济演进过程中唯一的稳态。

### 2.2.2 竞争优势理论

美国著名学者迈克尔·波特 1990 年出版了《国家竞争优势》一书，创立了竞争优势理论。同时竞争优势理论在其出版的《竞争优势》和《竞争战略》这两部著作中也有所体现。波特在《竞争战略》一书中提出了企业分析自身在产业的优势和培育竞争能力时可以使用的非常有效的工具——五力模型。在《竞争优势》一书中波特运用价值链这一重要分析工具，从战术角度分析了企业竞争优势的来源，认为竞争者价值链之间的差异是竞争优势的一个关键来源。在《国家竞争优势》中波特提出了一个从企业到产业，再到国家的竞争力分析架构。他认为一个国家某产业的竞争优势由四个基本因素：要素条件、本国需求条件、相关支持产业的国际竞争力和企业战略、结构与竞争程度，以及两个辅助因素即政府和机会所决定。前四个因素相互组合形成一个菱形结构，形似钻石，因此常被称为"钻石理论"，而后两个因素都是通过影响上述四个因素而对产业竞争力产生相应的影响。

总的来看，竞争优势理论与比较优势理论相比区别在于，比较优势理论是以完全市场为前提的，认为依据比较优势进行国际分工既可以提高本国的福利，也能改善世界的福利。这样，一个国家就可以用最小的代价来获得其所需要的收益。一个国家的比较优势与其初始的条件密切相关，因而其在国际分工中的地位也是一定的。竞争优势理论则以不完全市场为前提，强调一个国家如何在国际贸易中增加本国的福利，提高在国际分工中的有利地位，因此，一个国家必须努力保持和增强国际竞争力。一个国家的竞争优势关键在于创新，竞争优势与人为创造的资源关系密切，因而其在国际分工中的地位是动态的。在实际的国际分工中，需要注意把比较优势转换为竞争优势才能形成真正的经济优势，否则就有可能落入"比较优势陷阱"。

对于农产品区域品牌而言，其竞争力的获得首先是因为其所在地域独特的自然地理环境以及区域内所拥有的丰富的农业资源。由于自然地理环境和农业资源的难以复制或是无法模仿的特性，使得农产品区域品牌所具有的是一种由比较优势而形成的竞争力而非真正的竞争优势。这种比较优势是难以持久的，所以只有将农产品区域品牌的比较优势转化为真正的竞争优势，才能使农产品区域品牌竞争力不断增强。而本书研究的主要目的也在于探寻能够使内蒙古农产品区域品牌比较优势向竞争优势转换的路径。

### 2.2.3 公共物品理论

公共物品是经济学中一个十分重要的概念。一般认为，这个概念是萨缪尔森在 1954 年所发表的一篇题为《公共支出的纯粹理论》的著名文章中所提出的，萨缪尔森在文章中给公共物品下了一个经典的定义，即他认为公共物品是所有的人可以共同享用的"物品"，每一个人对该物品的消费不会使其他人的消费减少。萨缪尔森的这个定义揭示出公共物品所具有的一个特征，即非竞争性。其后的经济学家通过对公共物品的深入研究又补充了公共物品的另外一个十分重要的特征，即非排他性，由此，经济学家给出了公共物品的明确定义，即具有非竞争性与非排他性的物品。

一些经济学家认为公共物品是一个高度理论化的概念，在现实世界中很难找到完全满足非竞争性与非排他性的物品，于是产生了介于私人物品和公共物品之间的"准公共物品"，即不同时具备非竞争性和非排他性的物品。

由于公共物品所具有的两个基本特征：非竞争性，意味着新增消费者引起该公共物品的边际成本为零；非排他性，是指无法阻止别人消费某种物品或者阻止的费用非常高。所以，公共物品必然要遭遇到"搭便车"问题和"公地悲剧"问题。

"搭便车"问题，由奥尔森首先提出，他指出所谓"搭便车"是指由于参与者不需要任何成本而可以享受与支付者完全等价的物品效用。该问题影响着公共物品供给成本分担的公平性，以及公共物品供给能否持续和永久。

哈丁最早提出"公地悲剧"问题："这是一个悲剧，每个人都被锁定进一个系统，迫使他在一个有限的世界里无节制地增加他自己的牲畜。在一个信奉公地自由使用的社会里，每个人追求他自己的最佳利益，毁灭是所有的人趋之若鹜的目的地。""公地悲剧"会使集体利益无法产生，同时导致集体物品的供给达不到最优水平。因此，大多数经济学家认为公共物品应该由政府来提供并且进行管理。

农产品区域品牌作为准公共物品同样面临着上述问题，因此在农产品区域品牌的建设及其竞争力提升过程中，政府是一个不可或缺的参与主体。政府的管制也势在必行。

### 2.2.4 地理环境决定论

地理环境决定论者认为在社会生活和发展中地理环境起着决定性的作用。16

世纪初期就已经出现了有关地理环境决定论的著作，具有代表性的是法国的博丹，他是法国的历史学家和社会学家，他在自己的著作《论共和国》中指出，生活于不同自然条件下的民族会形成一定的民族差异，而不同的民族对政府形式的选择也会有所不同。到了18世纪近代地理环境决定论开始盛行，法国政治哲学家孟德斯鸠被公认为地理环境决定论的集大成者。1784年，孟德斯鸠在他的《论法的精神》一书中首次提出了这一理论。他在书中指出，由于天然的区域划分有寒冷气候和炎热气候的不同，有肥沃的土壤和贫瘠的土壤的差异，有平原和土地之分，所以"不同的气候，产生了不同的生活方式，不同的生活方式，产生了不同类型的法律"。也就是说，法律的制定要受到地理环境，尤其是气候、土壤等的决定影响。其观点的推理主要是认为不同的自然条件会对各个民族的价值观、人生观、社会观、上层建筑及经济基础等的形成产生决定性的影响，他认为气候才是影响人类社会发展最为重要的因素。例如，在以热带气候为主的地区常常盛行专制主义，而在温带气候的区域往往会形成强势、奔放的民族。自《论法的精神》出版后，西方学术界普遍重视社会发展过程中的地理作用，强调地理环境对人类文明类型和文化模式的重要影响。步入19世纪时，地理环境决定论已经成为社会学中的一个分支。到了20世纪，对地理环境决定论产生重要影响的是德国著名地理学家拉采尔及其美国学生辛普尔。拉采尔的《人类地理学》、《政治地理学》为地理环境决定论的集大成者。他认为，不同地域人们的生理和心理的差异、文化与意识的不同，都是由地理因素直接导致的，特别是气候和空间区位。而各个国家社会组织的发展、经济实力和国家未来的命运也将由上述因素来决定。在其之后，各国学者对这一理论进行了拓展性研究，并取得了一些成果。

从上述对地理环境决定论的阐述来看，这一理论过于夸大自然条件对人类社会生活和发展的影响，试图用自然规律来取代社会规律是没有任何依据的，也是完全错误的。正是由于这一点，使得近代对地理环境论的批判不绝于耳。当然在一片批判声中也有不少学者对地理环境论进行重新认知，认为地理环境决定论产生并发展于东西方两个伟大时代，该理论在近代受到的批判是误解所致，同时指出地理环境决定论大大丰富了唯物主义，是人类的优秀文化遗产。

从地理环境决定论产生至今，虽然学者对这一理论的看法褒贬不一，但是，对于农产品区域品牌竞争力而言，地理环境决定论无疑具有非常重要的意义。产生农产品区域品牌竞争优势的一种主要来源就是农产品所在区域的地理环境，而这也是农产品区域品牌差异的一个重要体现。由此可以认为区域地理环境对农产品区域品牌竞争力状况具有决定性的作用。

### 2.2.5　利益相关者理论

利益相关者理论产生于 20 世纪 60 年代，是在对以"股权至上"这一公司治理实践的质疑中逐渐形成并发展起来的一种企业理论。利益相关者理论的思想萌芽最早可以追溯到 20 世纪 30 年代哈佛商学院的多德（Dodd，1932）。但是利益相关者作为一个明确的概念则是在 1963 年由斯坦福研究所（Stanford Research Institute）首先提出的，在这之后，瑞安曼（Eric Rhenman）和安索夫（Igor Ansoff）对其进行了开创性的研究，后又经弗里曼（Freeman）、布莱尔（Blar）、多纳德逊（Donaldson）、米切尔（Mitchell）、克拉克森（Clarksen）等学者的共同努力，使利益相关者观点形成了一个独立的理论分支，形成了比较完善的理论框架，并在实际应用中取得了良好的效果，自此利益相关者理论开始引人关注。

关于利益相关者，斯坦福学院的学者从狭义的角度来看待利益相关者，给出的定义是对企业来说存在这样一些理论群体，如果没有他们的支撑，企业就无法生存。1984 年，弗里曼提出利益相关者的广义定义，扩展了利益相关者的内涵，认为利益相关者是"那些能够影响企业目标实现或者能够被企业实现目标的过程影响的任何个人和群体"。美国学者米切尔（Mitchell）另辟蹊径，从成为企业利益相关者所必需的属性出发，通过对可能的利益相关者进行评分，根据分值的高低判断某一个人或者群体是不是企业的利益相关者，是哪种类型的利益相关者。他认为，要成为一个企业的利益相关者至少要符合合法性、权力性和紧急性这三个属性中的一条以上。这一界定实现了对利益相关者界定研究的突破，极大地推动了利益相关者理论的推广应用，并逐步成为利益相关者界定和分类最常用的方法。一言以概之，所谓的利益相关者是指那些对企业生产经营活动能够产生重大影响的团体或个人。

利益相关者理论认为，企业的生产经营活动及发展离不开各种利益相关者的投入或参与，这些利益相关者包括股东、债权人、雇员、消费者、政府、供应商，还可能包括本地居民、本地社区、媒体、环保主义等的压力集团，甚至还应包括自然环境、人类后代等受到企业经营活动直接或间接影响的客体。因为在企业的发展过程中，他们都可能不同程度地为企业的经营活动付出代价，分担着企业的经营风险。企业的生存和发展离不开利益相关者的支持与参与。因此，企业应成为利益相关者的共同财产，他们可以通过将剩余索取权在所有利益相关者中进行合理分配的方式来达到实现自身权益的目的，亦可以运用控制权的分配来互相制约、彼此监督，以实现所有利益相关者之间长期稳定的合作。对于企业而言，则应通过相应的契约和治理制度的安排来使企业的利益相关者都分配到一定的企业控制权，这也就意味着企业的利益相关者都有义务和权利参与对企业的治理。

综上所述，利益相关者理论的宗旨在于不仅要维护企业股东的利益，对于其他利益相关者的利益同样应给予必要的保护。也就是说，企业作为不同利益相关者之间的契约，有义务保护所有利益相关者的切身权益，而无论利益相关者的身份究竟为何。

农产品区域品牌是区域内公用的无形资产，而其竞争力的形成又是区域内多元主体共同作用的结果。由此可以认为，区域内所有的经济体都是农产品区域品牌的利益相关者。如何在农产品区域品牌竞争力的提升过程中使不同的利益相关者的切身权益得到保护，这也是本书后续研究的关键问题之一，而利益相关者理论无疑就成为本书分析的重要理论依据。

## 2.3　本章小结

本章在借鉴现有研究成果的基础上，对与本书研究相关的概念——品牌竞争力和农产品品牌竞争力的内涵进行了重新的界定，同时给出本书对农产品区域品牌竞争力概念的理解，并对这一概念的内涵进行了深入的解析。此外，本章还对可以作为研究理论基础的相关理论进行了阐述，具体包括：比较优势理论、竞争优势理论、公共物品理论、地理环境决定论和利益相关者理论。本章对上述理论内容进行概述的同时也对本书如何运用这些理论进行了简要的说明。这一章的内容将成为后续进行深入研究的重要理论依据。

# 3

## 内蒙古农产品区域品牌建设及存在问题分析

内蒙古地处我国的北部边疆，地域辽阔，具有良好的自然地理条件，其地貌以蒙古高原为主体，平原占总土地面积的50%左右；富饶美丽的河套、土默川、辽河和松嫩平原，有"谷仓"和"塞外米粮川"之称。内蒙古农牧业资源丰富，是国家主要的粮食生产基地以及重要的畜产品生产和商品基地。作为少数民族地区，内蒙古又拥有丰富的人文资源优势。上述资源为内蒙古农产品区域品牌的发展奠定了坚实的基础。随着内蒙古农牧业经济的不断发展，其农牧产品的种类和数量都在不断地增加，与此同时，内蒙古农牧产品的商品化率也随之提高。面对日益激烈的市场竞争，内蒙古各级政府对农产品区域品牌建设的重要性有了更深的认识，同时对农产品区域品牌的创建与发展也给予了越来越多的关注。在内蒙古各级政府的重视之下，内蒙古农产品区域品牌建设取得了显著的成效。

## 3.1 内蒙古农产品区域品牌建设成果

内蒙古农产品区域品牌建设的成果主要体现在品牌数量逐年增加、品牌价值渐趋提高、品牌"学习效应"显现、品牌经济效益凸显、品牌交流平台多样化、品牌创建意识有所提高等方面。

### 3.1.1 农产品区域品牌数量逐年增加

随着品牌效应的不断凸显以及消费者对食品安全的高度重视，为各个省市（自治区）政府发展农产品区域品牌提供了充足的动力。根据对国家农业部、国家工商行政管理总局以及国家质量监督检验检疫总局网站公布的公开登记注册的农产品地理标志的统计，截止到 2015 年 8 月，内蒙古共有 95 个农产品区域品牌（详见表 3 - 1）。现有的农产品区域品牌分布在内蒙古下辖的 12 个盟市行政区域中，呼伦贝尔市有 26 个，占内蒙古农产品区域品牌总数的 27%，是区域品牌数量最多的盟市（见表 3 - 1）。

表 3 - 1　内蒙古农产品区域品牌的分布（截止到 2015 年 8 月）

| 盟市 | 数量（个） | 农产品区域品牌 |
|---|---|---|
| 乌海市 | 1 | 乌海葡萄 |
| 兴安盟 | 5 | 太和小米、阿尔山黑木耳、阿尔山卜留克、俄体粉条、兴安盟大米 |
| 鄂尔多斯市 | 6 | 鄂尔多斯细毛羊、阿尔巴斯白绒山羊、鄂托克阿尔巴斯山羊肉、鄂尔多斯黄河鲤鱼、鄂尔多斯黄河鲶鱼、杭锦旗甘草 |
| 包头市 | 2 | 固阳燕麦、达茂草原羊 |
| 乌兰察布市 | 5 | 乌兰察布马铃薯、察右中旗红萝卜、四子王旗杜蒙羊肉、丰镇月饼、卓资熏鸡 |
| 阿拉善盟 | 4 | 阿拉善肉苁蓉、阿拉善锁阳、阿拉善双峰驼、阿拉善白绒山羊 |
| 通辽市 | 6 | 开鲁红干椒、扎鲁特葵花籽、库伦荞麦、科尔沁肥牛肉、通辽牛肉干、库伦芥麦（加工过的） |
| 巴彦淖尔市 | 9 | 磴口华莱士瓜、河套番茄、巴彦淖尔小麦、河套巴美肉羊、乌拉特羊肉、河套向日葵、磴口华莱士瓜、五原灯笼红香瓜、五原黄柿子 |
| 呼和浩特市 | 7 | 托县茴香、武川土豆、托县辣椒、武川荞麦、武川莜麦、托县彩米、清水河小香米 |
| 锡林郭勒盟 | 9 | 乌珠穆沁羊肉、苏尼特羊肉、锡林郭勒羊肉、阿巴嘎策格、阿巴嘎黑马、阿巴嘎乌冉克羊、正蓝旗奶豆腐、正蓝旗奶皮子、西旗羊肉 |
| 赤峰市 | 15 | 牛家营子北沙参、牛家营子桔梗、达里湖鲫鱼、达里湖华子鱼、天山大明绿豆、夏家店小米、敖汉旗小米、敖汉旗荞麦、阿鲁科尔沁羊肉、阿鲁科尔沁牛肉、巴林左旗笤帚、巴林左旗笤帚（苗）、翁牛特羊肉、翁牛特牛肉、翁牛特大米 |
| 呼伦贝尔市 | 26 | 扎兰屯沙果、莫力达瓦菇娘、根河卜留克、莫力达瓦柳蒿芽、阿荣马铃薯、扎兰屯葵花、扎兰屯榛子、阿荣旗白瓜子、扎兰屯白瓜子、扎兰屯大米、莫力达瓦大豆、莫力达瓦苏子、阿荣旗玉米、阿荣旗大豆、扎兰屯黑木耳、西旗羊肉、阿荣旗白鹅、三河马、三河牛、莫力达瓦黄烟、阿荣旗柞蚕、呼伦贝尔芸豆、呼伦湖秀丽白虾、呼伦湖鲤鱼、呼伦湖白鱼、呼伦湖小白鱼 |

资料来源：根据国家农业部、国家工商行政管理总局及国家质量监督检验检疫总局发布的公告整理而成。

内蒙古现有的 95 个农产品区域品牌涵盖了果品、蔬菜、坚果、中药材、水产、粮油、食用菌、肉类、畜禽及其他类共十大不同的领域，其中粮油类品牌（22 个）、肉类品牌（13 个）、蔬菜类品牌（11 个）、畜禽类品牌（11 个）及其他类品牌（11 个）数量较多，食用菌类品牌最少只有 2 个（见表 3 - 2）。

表 3 - 2    内蒙古农产品区域品牌分类（截止到 2015 年 8 月）

| 品牌分类 | 数量（个） | 农产品区域品牌 |
|---|---|---|
| 果品类 | 6 | 扎兰屯沙果、乌海葡萄、莫力达瓦菇娘、磴口华莱士瓜、五原灯笼红香瓜、五原黄柿子 |
| 蔬菜类 | 11 | 河套番茄、乌兰察布马铃薯、根河卜留克、托县茴香、莫力达瓦柳蒿芽、开鲁红干椒、武川土豆、托县辣椒、阿荣马铃薯、察右中旗红萝卜、阿尔山卜留克 |
| 坚果类 | 6 | 扎兰屯葵花、扎兰屯榛子、阿荣旗白瓜子、扎兰屯白瓜子、扎鲁特葵花籽、河套向日葵 |
| 中药材类 | 5 | 阿拉善肉苁蓉、阿拉善锁阳、牛家营子北沙参、牛家营子桔梗、杭锦旗甘草 |
| 水产类 | 8 | 达里湖鲫鱼、达里湖华子鱼、呼伦湖秀丽白虾、呼伦湖鲤鱼、鄂尔多斯黄河鲤鱼、鄂尔多斯黄河鲶鱼、呼伦湖白鱼、呼伦湖小白鱼 |
| 粮油类 | 22 | 扎兰屯大米、天山大明绿豆、莫力达瓦大豆、库伦荞麦、武川荞麦、武川莜麦、巴彦淖尔小麦、莫力达瓦苏子、夏家店小米、敖汉旗荞麦、阿荣旗玉米、阿荣旗大豆、太和小米、固阳燕麦、放汉小米、托县彩米、呼伦贝尔芸豆、翁牛特大米、五原小麦、清水河小香米、兴安盟大米、库伦荞麦（加工过的） |
| 食用菌类 | 2 | 扎兰屯黑木耳、阿尔山黑木耳 |
| 肉类 | 13 | 阿鲁科尔沁羊肉、乌珠穆沁羊肉、苏尼特羊肉、西旗羊肉、科尔沁肥牛肉、锡林郭勒羊肉、乌拉特羊肉、阿鲁科尔沁牛肉、鄂托克阿尔巴斯山羊肉、四子王旗杜蒙羊肉、翁牛特羊肉、翁牛特牛肉、乌珠穆沁羊肉 |
| 畜禽类 | 11 | 阿拉善双峰驼、阿拉善白绒山羊、鄂尔多斯细毛羊、阿尔巴斯白绒山羊、阿荣旗白鹅、三河马、三河牛、河套巴美肉羊、达茂草原羊、阿巴嘎黑马、阿巴嘎乌冉克羊 |
| 其他类 | 11 | 莫力达瓦黄烟、阿荣旗柞蚕、阿巴嘎策格、正蓝旗奶豆腐、正蓝旗奶皮子、俄体粉条、巴林左旗笤帚、巴林左旗笤帚（苗）、丰镇月饼、卓资熏鸡、通辽牛肉干 |

资料来源：此表部分转引自姚春玲. 内蒙古农产品区域品牌的创建分析［J］. 中华商标，2012（6）：23 - 26。

在全区上下共建农产品区域品牌的浓厚氛围中，内蒙古各个盟市的农产品区域品牌建设工作也在蓬勃地展开。如呼和浩特市在市工商局创新思维指引下，充分发挥指导、服务和协调作用，全市商标注册量、驰名商标、著名商标和知名商标数量都呈现出突飞猛进的发展态势，商标事业实现了平稳较快发展。截至 2014 年末，呼和浩特市商标注册总量已增长至 19456 件，中国驰名商标 16 件，内蒙古著名商标 108 件，呼和浩特市知名商标 182 件，已成功注册"武川土豆"、"托县辣椒"等 6 件地理标志证明商标。呼和浩特市无论是商标注册总量还是驰名商标、著名商标、地理标志证明商标在全区地级市中均属于领先位次，其总量占全区五分之一。商标的品牌优势和市场竞争力不断凸显，有力地促进了呼和浩特市经济社会的健康发展。再如呼伦贝尔市的扎兰屯是内蒙古众多的旗、县、市中绿色食品使用标志最多、国家地理标志保护产品全国最多的地区。扎兰屯市地理标志认证数量在全国 2862 个旗县级地区中名列榜首，农业部农产品质量安全中心已将扎兰屯市作为农产品质量安全、地理标志农产品产业发展重点县市之一。截至 2014 年 4 月扎兰屯涉农产品注册商标已达 156 件，其中呼伦贝尔知名商标 13 件，自治区著名商标 5 件。

### 3.1.2 部分农产品区域品牌价值渐趋提高

随着内蒙古农产品区域品牌创建工作的逐步展开与深入发展，内蒙古部分农产品区域品牌的品牌价值也呈现出小幅攀升的趋势（见表 3 - 3）。

表 3 - 3　内蒙古部分农产品区域品牌价值　　　　单位：亿元

| 品牌名称 | 品牌价值 | | | | |
|---|---|---|---|---|---|
| | 2010 年 | 2011 年 | 2012 年 | 2013 年 | 2014 年 |
| 武川土豆 | 26.05 | 27.34 | — | — | — |
| 扎兰屯沙果 | 11.93 | 15.43 | 17.59 | 18.82 | 20.45 |
| 扎兰屯葵花 | 7.90 | 9.86 | 11.62 | 12.34 | 14.17 |
| 扎兰屯大米 | — | 3.22 | 4.00 | 4.80 | 5.05 |
| 扎兰屯白瓜子 | — | 2.82 | 2.94 | 3.08 | 3.64 |
| 扎兰屯黑木耳 | — | 2.32 | 2.43 | 2.73 | 3.59 |
| 西旗羊肉 | — | — | 2.00 | 2.19 | — |
| 乌兰察布马铃薯 | — | — | 1.02 | 29.47 | 35.68 |
| 三河马 | — | — | 0.89 | 0.93 | — |

资料来源：由浙江大学 CARD 农业品牌研究中心公布的 2010 年、2011 年、2012 年、2013 年和 2014 年《中国农产品区域公用品牌价值评估报告》整理得出。

### 3.1.3　农产品区域品牌"学习效应"显现

在由浙江大学 CARD 农业品牌研究中心公布的《2010 年中国农产品区域公用品牌价值评估报告》中，提出了农产品区域公用品牌建设的"学习效应"这一概念。所谓农产品区域公用品牌建设的"学习效应"是指一个区域内的某种农产品区域公用品牌建设会引发其他农产品的区域公用品牌建设，通过借鉴管理经验、学习榜样力量、共享扶持政策等方式发挥成功的品牌建设的示范作用，从而在一个区域内产生农产品区域公用品牌建设的集群。也就是说，如果一个地区成功地进行了农产品区域公用品牌建设，就越有可能再次去创建或重塑其他的农产品区域公用品牌。而内蒙古扎兰屯市就是这种"学习效应"的最佳案例（见表 3-4）。

表 3-4　内蒙古扎兰屯市农产品区域公用品牌建设的"学习效应"

| 品牌名称 | 行业 | 商标申请时间 | 地理标志申请时间 |
| --- | --- | --- | --- |
| 扎兰屯葵花 | 坚果 | 1990 年 | 2008 年 |
| 扎兰屯榛子 | 坚果 | 2005 年 | 2009 年 |
| 扎兰屯沙果 | 食品 | 2006 年 | 2009 年 |
| 扎兰屯黑木耳 | 食用菌 | 2007 年 | 2009 年 |
| 扎兰屯大米 | 粮油 | 2009 年 | 2008 年 |

资料来源：浙江大学 CARD 农业品牌研究中心公布的《2010 年中国农产品区域公用品牌价值评估报告》。

在这种"学习效应"的带动下，扎兰屯市农产品区域品牌的价值稳步上升，品牌竞争力也有所提升（见表 3-5）。扎兰屯市所具有的这种农产品区域品牌建设的"学习效应"，不仅会对呼伦贝尔市也会对内蒙古目前所辖各个盟市农产品区域品牌的创建与发展起到积极的带动和示范作用，进而也会促使内蒙古自治区整体农产品区域品牌的发展迈上新的台阶。

表 3-5　2010～2014 年扎兰屯市农产品区域品牌价值变化情况

单位：亿元

| 品牌名称 | 2010 年 | | 2011 年 | | 2012 年 | | 2013 年 | | 2014 年 | |
| --- | --- | --- | --- | --- | --- | --- | --- | --- | --- | --- |
| | 品牌价值 | 排名 | 品牌价值 | 排名 | 品牌价值 | 排名 | 品牌价值 | 排名 | 品牌价值 | 排名 |
| 扎兰屯沙果 | 11.93 | 79 | 15.43 | 83↓ | 17.59 | 80↑ | 18.82 | 69↑ | 20.45 | 57↑ |
| 扎兰屯葵花 | 7.90 | 125 | 9.86 | 137↓ | 11.62 | 129↑ | 12.34 | 122↑ | 14.17 | 99↑ |

| 品牌<br>名称 | 2010 年 | | 2011 年 | | 2012 年 | | 2013 年 | | 2014 年 | |
|---|---|---|---|---|---|---|---|---|---|---|
| | 品牌价值 | 排名 | 品牌价值 | 排名 | 品牌价值 | 排名 | 品牌价值 | 排名 | 品牌价值 | 排名 |
| 扎兰屯榛子 | — | — | 4.84 | 244 | 4.80 | 264 ↓ | 5.19 | 250 ↑ | 6.70 | 203 ↑ |
| 扎兰屯大米 | — | — | 3.22 | 293 | 4.00 | 288 ↑ | 4.80 | 265 ↑ | 5.05 | 244 ↑ |
| 扎兰屯白瓜子 | — | — | 2.82 | 311 | 2.94 | 317 ↓ | 3.08 | 306 ↑ | 3.64 | 272 ↑ |
| 扎兰屯黑木耳 | — | — | 2.32 | 329 | 2.43 | 328 ↑ | 2.73 | 317 ↑ | 3.59 | 273 ↑ |

资料来源：由 2010～2014 年《中国农产品区域公用品牌价值评估报告》整理而成。

### 3.1.4  农产品区域品牌经济效益日益凸显

伴随着内蒙古农产品区域品牌的不断发展，其对当地经济所产生的带动作用也日益突出，主要体现在如下几个方面：

（1）对品牌所在地域的经济发展起到了积极的推动作用。

农产品区域品牌的创建及其发展对当地经济发展起到了极大的推动作用，内蒙古各个盟市在农产品区域品牌的发展过程中均有所受益，下面选取几个典型的案例进行阐述。

苏尼特羊肉来自内蒙古锡林郭勒大草原，以其肉质鲜美、营养丰富而享誉区内外。2008 年经国家农业部批准登记注册为农产品地理标志，这不仅是内蒙古也是全国肉类品牌中的第一个农产品地理标志。其后苏尼特羊肉开始为越来越多的人所知晓，其知名度和美誉度也随之扩大。2011 年苏尼特羊肉成为中国最具综合价值的地理标志产品之一。2012 年，在苏尼特右旗境内的 16 家羊肉加工企业被授权使用这一地理标志。企业在使用地理标志的过程中普遍认为，由于农产品地理标志保护的实施，除了带来了较为可观的经济效益外，在避免假冒伪劣产品出现等方面更是起到了非常突出的作用，同时也取得了明显的效果。地理标志的使用可以使正宗产品与假冒伪劣产品更为明显地区分开来，使消费者在选购苏尼特羊肉时，从包装上就可以辨别产品的真伪。因此，地理标志的使用让越来越多的人成为苏尼特羊肉的消费者，其羊肉的销售数量及价格都有了大幅度的提升。相关部门的调查结果显示，2010 年后由于获得了国家地理标志的保护，苏尼特羊肉 2011 年每公斤的售价高于 2010 年的 12 元，产值与 2010 年相比增加了 855 万元，增值幅度达到 7.75%，新增就业岗位近千个，有力地带动了当地农牧民致富。2014 年苏尼特左旗实现了"锡林郭勒羊肉"全产业链追溯体系建设，以追溯体系为依托，"苏尼特羊肉"形成了以电商打通市场终端环节的全产业链，为苏尼特旗肉羊产业的蓬勃发展提供了强有力的生命力。2014 年在羊肉价格普遍下降，牧民收入受到严重威胁的大环境下，该旗打上耳标的可追溯羊肉每斤价格比市场价多1.5元，从而使农牧民的收益得到了保障。目前，"苏尼特羊肉"这一金字招牌已经成为推动当地畜牧业经济发展的重要力量。"苏尼特羊肉"也开始从草原走向全国各地并向世界市场进军。

开鲁县位于内蒙古通辽市境内，县内土地资源丰富、土壤肥沃、光照充足、降水虽不多但却相对较为集中，气候条件非常适合红干椒的生长。当地政府非常重视红干椒产业的发展，先后出台了很多政策措施来支持这一特色产业的发展。2003年制定并实施了旨在保证开鲁红干椒产品品质，同时为了对红干椒的生产、加工和销售行为规范的《开鲁红干椒农业标准》。这一标准的实施不仅使开鲁红干椒的品质得到保证，对于这一品牌的维护也起到了至关重要的作用。为了使红干椒产业得到进一步长远发展，使这一品牌能够持续存在，县政府高瞻远瞩积极为开鲁红干椒申报国家农产品地理标志保护，在自治区和通辽市相关部门的指导下，县政府积极筹备登记注册事宜，2010年开鲁红干椒终于通过了专家的评审，正式成为地理标志保护农产品。

地理标志申报成功后，开鲁红干椒声名远播，成为远近驰名的辣椒品牌。县政府抓住这一机遇，提出了推动、发展红干椒特色农业产业集群的战略。在这一战略的指引下，2011年全县红干椒的种植面积达到了2万公顷左右，产量近1亿斤，产值达到12亿元。由于优良的品质，开鲁红干椒的市场售价与其他地区的辣椒产品相比多出近1元，现在红干椒已经成为自治区乃至全国的一个知名特色农产品。2014年随着新品种的丰收，开鲁红干椒总产量预计达7亿公斤。仅此一项，全县农民就人均增收2300元。随着开鲁红干椒被认定为"绿色食品"，开鲁红干椒不仅行销国内20多个省市自治区，同时也开始向国外进行出口，并与很多国家的企业建立了较为稳定的长期供销业务。开鲁红干椒还先后亮相于国内各地的大型农博会，借此对红干椒进行大力的宣传和推广，使开鲁红干椒的知名度不断扩大。为了将红干椒产业做大做强，县政府积极延伸红干椒产业链，组织科研力量进行技术攻关，先后开发了一系列的红干椒产品，如辣椒酱、辣椒酒等。同时县政府将开鲁红干椒作为县域经济发展的主导产业，积极倡导并推动标准化生产基地的建设，推动红干椒产业的规模化种植。目前，开鲁县已经形成了"地理标志＋龙头企业＋农户"的农业产业化经营模式。这一模式的形成不仅使开鲁红干椒产业得到了健康、迅猛的发展，也促进了当地农业经济发展水平以及农产品竞争力的提升。作为目前全国最大的县级红干椒生产基地，开鲁县已成为名副其实的"中国红干椒之都"。

本书以乌海葡萄为例对农产品区域品牌在乌海市经济发展中所起到的积极作用加以说明。内蒙古乌海市拥有独特的地理位置和优越的气候条件，较为适合葡萄的种植和生长。在乌海市政府及相关部门的努力下，乌海葡萄在 2008 年获得了国家农业部农产品地理标志的认证，之后乌海葡萄开始为国人所熟知，先后荣获了众多的不同等级的荣誉，尤其值得一提的是，2008 年北京奥运会召开期间，乌海葡萄被推荐为安全优质葡萄产品。目前，乌海市葡萄产业的发展生机勃勃，城内城外联结成一片绿色的海洋。葡萄园已经成为乌海市城外的新景观，来自国内外的葡萄酒生产企业在乌海市城外建立着不同规模的葡萄酒生产基地，而与葡萄有关的各种景观园、生态园和示范园都在不断的形成和发展之中。同时乌海市还建成了 3000 多个葡萄种植的专业村，据测算，乌海市葡萄的种植面积已经占到农村土地面积的 85%。"十一五"期间，乌海市将葡萄种植产业的发展纳入国民经济社会发展的规划中，并将其作为市农牧业经济发展的主导产业给予大力支持。在全市的共同努力下，汉森酒业等一大批农产品加工龙头企业迅速崛起，葡萄种植业已经成为乌海市农业经济持续发展、农牧民致富增收的支柱性产业。

"十二五"期间乌海市葡萄种植及加工业也取得了长足的发展，2013 年乌海市葡萄种植基地面积 2.4 万亩，种植品种 90 余个，葡萄年产量达万吨，年创产值 1 亿元左右。汉森、吉奥尼、西口风等葡萄酒加工企业均已初具规模，所产葡萄酒多次在国内国际评比中获得金奖，市场影响力日趋增强。其中，汉森葡萄酒获评中国驰名商标，填补了乌海市驰名商标的空白。2014 年葡萄产业发展迅速，出台了进一步加快葡萄产业发展的指导意见，新植补植葡萄 8542 亩，保有面积 3 万亩。汉森葡萄、葡萄酒通过欧盟有机认证，汉森公司上榜中国最具品牌价值 500 强，"云飞"葡萄获得第十二届中国国际农产品交易会金奖。随着葡萄种植面积的扩大以及葡萄酒产业的发展，其已经成为乌海市农业经济发展的主导力量，在推动乌海市农业经济发展的基础上，乌海市的整体经济发展水平也跃上了一个新的台阶（见表 3－6）。

表 3－6    "十一五"期间乌海市葡萄产业发展情况概览

| 年份 | 种植面积（亩） | 产量（万公斤） | 产值（万元） | 果农亩均收入（元） |
|------|--------------|--------------|------------|------------------|
| 2006 | 12000 | 300 | 1000 | 4000 |
| 2010 | 28000 | 1100 | 7000 | 7000 |

资料来源：此表根据华夏酒报．"十一五"期间乌海葡萄酒业产值跃至 7000 万元［EB/OL］. http: // www. cnwinenews. conm/html/20101210/201012 整理而成。其中种植面积、产量、产值均为近似数值。

（2）促进了品牌所在地域旅游产业的发展。

农产品区域品牌创建后，以其为主体的农事节庆活动也就会随之形成和发展。这些农事节庆活动的举办不仅是对农产品区域品牌的有效宣传，同时也会带动当地旅游产业的发展，促进当地经济的繁荣。2008 年 7 月，首届中国马铃薯文化节在"中国薯都"乌兰察布市举办，通过本次节会的举办，逐步形成了"以文化立形象、以展示酿商机、以节会育市场"的理念，为马铃薯的品牌宣传和产业发展开创了良好局面。2010 年 8 月，市政府和自治区农牧业厅共同举办了"乌兰察布市第二届马铃薯文化节"，文化节期间，中国节水灌溉协会节水论坛、马铃薯营销论坛、马铃薯加工论坛等轮番上演，吸引了众多眼球的关注，让乌兰察布市再次走进中国和世界的视野。而 2012 年乌兰察布市又一次承办了 2012 中国马铃薯大会暨乌兰察布第三届马铃薯文化节。每一次马铃薯文化节的举办都吸引了来自国内外的专家学者、企业代表以及游客聚集到乌兰察布市。2014 年 7 月，首届"中国马铃薯农场主大会暨 2014 中国薯都马铃薯产业发展论坛"在乌兰察布市开幕，来自国内外近 400 家企业云集该地。这些人流的聚集为当地的宾馆、餐饮、娱乐等旅游产业的发展提供了无限的商机，从而使当地以马铃薯文化节为主题的旅游活动的经济收入大大增加。

（3）对当地农牧民增收效果明显。

农产品区域品牌的创建与发展不仅促进了当地经济的快速发展，同时也为当地农牧民增收做出了贡献。自从西旗羊肉被国家质量监督检验检疫总局认定为农产品地理标志以来，西旗质量监督局就努力做好品牌的培育、产品质量及产品声誉的维护等工作，并将西旗羊肉这一地理标志产品的后续监管和宣传工作放在重要的位置上。经过不懈的努力，西旗羊肉的价格连年上涨。羊肉价格的连年增长使呼伦贝尔市新巴尔虎右旗牧民的收入也有了一定幅度的提高，2011 年由于羊肉收购价格的提升，牧民每出售一只羔羊大约可以增加 69 元的收入，而每出售一只大羊则可以增加 67.5 ~ 90.0 元的收入，同时当地羊肉加工企业所得的利润也有了明显的提高（见表 3 - 7）。

表 3 - 7    2010 ~ 2011 年西旗羊肉价格表                单位：元/公斤

| 年份 | 羔羊 | 大羊 | 羔羊肉（普卷） | 羔羊肉（精卷） | 羊肉（普卷） | 羊肉（精卷） |
|------|------|------|------|------|------|------|
| 2010 | 34 ~ 36 | 33 | 40 | 46 | 36 | 42 |
| 2011 | 36 ~ 40 | 36 | 49 | 52 | 40 | 44 |

资料来源：中国质量新闻网，2012 年 3 月 1 日。

菇娘是产量及经济价值很高的一年生草本植物，是人们普遍喜爱的草本水果，抗病力强，是天然绿色食品，长期食用可润肺止咳、通便利尿、生津开胃、降低血压、美容养颜，具有增强人体免疫力、防癌、抗癌的功效。而呼伦贝尔市莫力达瓦达斡尔族自治旗（以下简称莫旗）生产的菇娘口感独特、品质佳，目前产品在国内大部分省市均有销售。莫旗菇娘 2010 年被认定为地理标志产品后，生产由 1984 年的 9 亩发展到 2011 年的 7.5 万亩，平均亩产可达 1200 公斤左右，亩产值可达 2400 元，扣除生产投入每亩 800 元，平均每亩纯收入为 1600 元，是本地区传统种植业——大豆种植业的 3 ~ 4 倍。7.5 万亩菇娘年创产值 18000 万元，农民纯增收 12000 万元，菇娘种植户人均增收 7410 元。近几年，莫旗菇娘种植面积不断扩大，农民收入逐年提高，亩产值可达 10000 元，扣除生产成本，一般每亩地收入约 4000 元以上，是农民种植大豆效益的 4 ~ 6 倍，作为新兴经济作物，种植简单、市场广阔、经济价值大、投入回报率高，农民种植积极性空前高涨，菇娘成为了莫旗农业中重要的经济作物。

莫旗的菇娘产业已有二十几年的发展历史了，近些年当地政府和有关部门以服务"三农"为出发点，立足于经济发展的战略高度，不断加大对菇娘产业的扶持力度，制定了相应的政策引导这一产业的发展，使其能够与日益激烈的市场竞争相适应。如积极引进加工企业延长产业链，引进大连客商在兴隆泉菇娘专业合作社投资兴建了菇娘产加销一体化服务项目（2011 年已经生产菇娘饮料 2.2 万瓶），项目建成后可实现菇娘年收购量 420 万公斤，生产菇娘饮料 150 万瓶，实现年销售收入 3192 万元，年均利润 240.06 万元，年利税 169.18 万元。企业通过合作社为广大菇娘种植户提供种子、技术、咨询等服务，在收购菇娘时每公斤高出市场价 0.1 元收购合作社成员的菇娘，可为农民增加收入 42 万元，避免了农民受外来商贩压价现象的发生，真正保护了农民利益。企业建设期间在本地雇用剩余劳动力 100 余人，为当地农民创收 10 万余元，大大增加了农民的额外收入。在项目运行时还可以增加 30 个就业岗位，解决合作社剩余劳动力就业，每年为农民创收 50 余万元。随着菇娘产业的蓬勃发展，各类经济合作组织相继成立。如 2005 年成立了尼尔基镇菇娘协会，同时设立了五个菇娘分会和一个合作社，到现在又先后成立了 3 家菇娘合作社，示范带动全旗 12 个村屯 4500 多户农民从事菇娘种植。

目前，菇娘产业已经成为莫力达瓦达斡尔族自治旗特色产业、绿色产业的杰出代表，是该旗最具活力的产业。小镇尼尔基已经是远近驰名的"菇娘之乡"。

### 3.1.5 农产品区域品牌交流平台多样化

农产品区域品牌交流是扩大品牌知名度和影响力的重要途径。近些年随着经济交流的日益繁荣，内蒙古农产品区域品牌交流平台日益多样化，展现出一定的平台效应。这些交流既包括"走出去"即参加其他省份所组织的农博会、绿色食品交易会等，也包括"请进来"即邀请其他省份的农产品区域品牌来内蒙古进行展示交流。内蒙古现有的农产品交流平台中涉及农产品区域品牌产品的有内蒙古农业国际博览会、内蒙古绿色食品交易会、内蒙古国际食品（糖酒）博览会、内蒙古名、优、特农畜产品与绿色食品交易会、中国（满洲里）绿色食品及名、优、特农畜产品出口展洽会和内蒙古特色农产品展销会等。其中尤其以内蒙古绿色食品交易会最为著名。内蒙古（扎兰屯）绿色食品交易会自 2008 年创办以来，已成功举办七届。内蒙古绿色食品交易会重点展销地理标志保护农产品、绿色食品、有机食品、无公害农产品和农畜林土特产品，2014 年上述种类的参展农产品品种已经达到 500 余种。同时，在绿交会上，进行交易的产品包括绿色食品类、饮料类、糖酒茶类、乳品及奶制品、农副土特产品类已达到千余种。短短几年的时间里，内蒙古绿色食品交易会发展迅速，截止到目前，前七届绿色食品交易会，共有 2822 家企业、7600 多种产品参展，招商引资额累计达到272. 5 亿元。参展企业从最初的 9 个省、市、区增加到现在的 29 个省、市、区，除吸引国内的企业参展外，每次的"绿交会"都有来自俄罗斯、蒙古国、日本、美国等国家和中国的绿色食品实业公司、沃尔玛、雨润集团等众多大型商贸流通采购商前来洽谈采购。而每次的"绿交会"也成为国内媒体争相报道的热点，如《人民日报》、《农民日报》、《经济日报》、《消费日报》、《香港商报》、《中国企业报》等媒体对内蒙古绿色食品交易会都进行过报道，众多媒体如新华社、中央电视台等则对"绿交会"进行了追踪性的报道。

众多媒体和省、市、区企业的参与使内蒙古绿色食品交易会成为"扎兰屯沙果"、"扎兰屯黑木耳"等内蒙古农产品区域品牌展示的最好平台，同时搭建了品牌营销的良好舞台，从而扩大了这些品牌的知名度和影响力。

### 3.1.6　农产品区域品牌创建意识有所提高

从 2005 年内蒙古取得第一件农产品地理标志开始到现在内蒙古农产品区域品牌的发展步伐逐年加快，这与各个盟市、地区政府部门农产品区域品牌创建意识的增强是密切相关的。内蒙古自治区政府十分重视农产品区域品牌的创建与发展工作，责成内蒙古农牧业厅、内蒙古食品安全质量中心等部门组织各种形式的关于农产品区域品牌创建的会议、培训及辅导，着力提升内蒙古各盟市、旗县部门领导的创牌意识，同时积极培育农副产品商标和地理标志，并大力支持内蒙古农产品地理标志申报和认证工作，抽出专人、聘请专家来进行申报资料审核并进行严格的把关，力求使内蒙古自治区农产品地理标志申报成功的数量不断增加。同时，对于农产品地理标志的品牌化即农产品区域品牌的创建工作，各级政府部门也给予了一定的重视。

# 3.2 内蒙古农产品区域品牌建设中存在的问题

虽然近几年来，内蒙古农产品区域品牌建设与发展工作取得了很多成绩，但从全国的总体情况看，内蒙古农产品区域品牌的竞争力水平并不高。主要体现在以下几个方面。

### 3.2.1 农产品区域品牌影响力十分有限

虽然内蒙古近些年的农产品区域品牌数量越来越多，但是在品牌数量增加的同时，品牌的竞争力却没有得到明显的提升。

在2012年7月和2013年1月由中国优质农产品开发服务协会发布的100个"2011年和2012年消费者最喜爱的中国农产品区域公用品牌"名单中，并没有来自内蒙古的农产品区域品牌；在由农业部优质农产品开发服务中心主办，其他相关部门协办的"2012年中国农产品区域公用品牌影响力调查"网上调查的104个品牌中，内蒙古也没有入围的农产品区域品牌。而在每年上述评选活动中与内蒙古同为少数民族地区的新疆、宁夏、青海等地区都有不同数量（少则1个，多则5~6个）的农产品区域公用品牌入选，而江苏、浙江等农产品区域品牌发展与建设较为突出的省份入选的品牌数量则更多，相比之下内蒙古的农产品区域品牌竞争力可见一斑。

此外，本书还对呼和浩特市的美特好、维多利、华联、华润万家等18家大型综合连锁超市的农产品品牌状况进行了调查。调查结果显示，在这些超市中的面粉类和羊肉类品牌中，内蒙古的农产品区域品牌占主导。在面粉类品牌中，以库伦荞麦、武川莜麦和巴彦淖尔小麦的精加工产品为主体，而羊肉品牌中以苏尼特羊肉最多，其他品牌也是内蒙古的羊肉品牌，没有发现区外的羊肉品牌。但是在大米、水果、食用菌等品牌中则是区外的农产品区域品牌较多，比如大米品牌中来自东北地区的大米品牌（盘锦大米、五常大米等）占绝对优势。上述调查结果说明，即便是在内蒙古，来自自治区的农产品区域品牌所占的市场份额仍然是很有限的，在农产品市场竞争中与区外的农产品区域品牌相比差距亦很明显。

### 3.2.2 农产品区域品牌资产价值不稳定

由浙江大学CARD农业品牌研究中心公布的《2011年中国农产品区域公用

品牌价值评估报告》中，内蒙古农产品区域品牌的品牌价值较 2010 年有所提高，但排名却是下降的，在参评的品牌中武川土豆排名由 2010 年的第 36 位下降为第 39 位，扎兰屯沙果由 2010 年的第 79 位下降为第 83 位，降幅最大的是扎兰屯葵花由 2010 年的第 125 位下降为第 137 位，降低了 12 个名次。在 2012 年中国农产品区域公用品牌价值评估中，内蒙古参评的 9 个品牌的价值呈现出小幅上升的趋势，其中有 4 个品牌的排名与 2011 年相比有所上升，扎兰屯沙果上升 3 位、扎兰屯葵花上升 8 位、扎兰屯大米上升 5 位，扎兰屯黑木耳上升 1 位，并且首次有肉类品牌（西旗羊肉）、畜禽类品牌（三河马）参评。在 2013 年中国农产品区域公用品牌价值评估中，内蒙古参评的 10 个品牌的品牌价值均呈现上升的趋势，其中乌兰察布马铃薯的品牌价值攀升幅度最大，由 2012 年的 1.02 亿元上升至 2013 年的 29.47 亿元，增幅近 30 倍，这一现象值得进一步的研究。由于品牌价值的上升，2013 年内蒙古参评的各个品牌排名也都有所提高，排名提升幅度最大的是乌兰察布马铃薯，其上升了 336 个名次。2014 年内蒙古参评的农产品区域品牌价值都有不同幅度的上涨，与之相伴的是排名也随之上浮。

　　上述情况表明，内蒙古农产品区域品牌竞争力状况稍有好转，但值得注意的是，"武川土豆"这一在 2010 年和 2011 年内蒙古品牌价值最高的农产品区域品牌却没有出现在 2012 年的评选结果中，而乌兰察布马铃薯品牌价值及其排名却大幅度提升。这些现象值得深思，同时也再次说明了目前内蒙古农产品区域品牌的竞争力水平还不稳定，还需要进行更为深入的研究，探究其根源，使内蒙古农产品区域品牌竞争力水平稳步提升（见表 3 – 8、表 3 – 9）。

表 3 – 8　2010 ~ 2014 年内蒙古参评农产品区域
公用品牌价值变动情况表　　　　　　单位：亿元

| 品牌名称＼年份 | 2010 | 2011 | 2012 | 2013 | 2014 |
|---|---|---|---|---|---|
| 武川土豆 | 26.05 | 27.34 | —— | —— | —— |
| 扎兰屯沙果 | 11.93 | 15.43 | 17.59 | 18.82 | 20.45 |
| 扎兰屯葵花 | 7.90 | 9.86 | 11.62 | 12.34 | 14.17 |
| 鄂尔多斯细毛羊 | 6.91 | —— | —— | —— | —— |
| 扎兰屯榛子 | —— | 4.84 | 4.80 | 5.19 | 6.70 |
| 扎兰屯大米 | —— | 3.22 | 4.00 | 4.80 | 5.05 |
| 扎兰屯白瓜子 | —— | 2.82 | 2.94 | 3.08 | 3.64 |

| 年份<br>品牌名称 | 2010 | 2011 | 2012 | 2013 | 2014 |
|---|---|---|---|---|---|
| 扎兰屯黑木耳 | — | 2.32 | 2.43 | 2.73 | 3.59 |
| 武川荞麦 | — | 0.87 | | | |
| 达里湖鱼 | — | 0.53 | | | |
| 西旗羊肉 | — | — | 2.00 | 2.19 | |
| 乌兰察布马铃薯 | — | | 1.02 | 29.47 | 35.68 |
| 三河马 | — | | 0.89 | 0.93 | |
| 三河牛 | — | | | 8.10 | |

资料来源：由 2010 年、2011 年、2012 年、2013 年和 2014 年《中国农产品区域公用品牌价值报告》整理而得。

**表 3 - 9   2010 ~ 2014 年内蒙古参评农产品区域公用品牌价值排名变动情况表**

| 年份<br>品牌名称 | 2010 | 2011 | 2012 | 2013 | 2014 |
|---|---|---|---|---|---|
| 武川土豆 | 36 | 39 ↓ | — | — | — |
| 扎兰屯沙果 | 79 | 83 ↓ | 80 ↑ | 69 ↑ | 57 ↑ |
| 扎兰屯葵花 | 125 | 137 ↓ | 129 ↑ | 122 ↑ | 99 ↑ |
| 鄂尔多斯细毛羊 | 143 | — | — | — | — |
| 扎兰屯榛子 | — | 244 | 264 ↓ | 250 ↑ | 203 ↑ |
| 扎兰屯大米 | — | 293 | 288 ↑ | 265 ↑ | 244 ↑ |
| 扎兰屯白瓜子 | — | 311 | 317 ↓ | 306 ↑ | 272 ↑ |
| 扎兰屯黑木耳 | — | 329 | 328 ↑ | 317 ↑ | 273 ↑ |
| 武川荞麦 | — | 385 | — | — | — |
| 达里湖鱼 | — | 404 | | | |
| 西旗羊肉 | — | — | 340 | 329 ↑ | |
| 乌兰察布马铃薯 | — | — | 377 | 41 ↑ | 27 ↑ |
| 三河马 | — | | 384 | 359 ↑ | |
| 三河牛 | — | | | 172 | |

资料来源：由 2010 年、2011 年、2012 年、2013 年和 2014 年《中国农产品区域公用品牌价值报告》整理而得。

除此之外，内蒙古参评 2010 年中国农产品区域公用品牌价值评估的品牌数量仅有 9 个，占所有参评品牌的 1.70%，与同是少数民族地区的新疆（46 个，占 8.73%）相差 37 个品牌，与宁夏（10 个，占 1.90%）相差 1 个品牌（见表 3-10）；2011 年内蒙古参评的品牌数量仍是 9 个，占所有参评品牌的 1.88%，比 2011 年多了 0.18 个百分点；2013 年内蒙古参评的品牌数量为 10 个，较之前的年份多出一个品牌，占所有参评品牌的 2.54%，比 2012 年多出 0.66 个百分点；但这并不是因为内蒙古农产品区域品牌竞争力有了明显提升，而是由于从 2011 年开始参评品牌的总数量在逐年减少的原因所导致的。2014 年内蒙古参评的品牌数量是历年最少的仅有 7 个，这一年虽然参评品牌数量不多，但品牌价值却是历年最高的。由此可见，即便是在少数民族地区当中，内蒙古农产品区域品牌的竞争力水平也不高，与东部发达省份相比差距则更大。

表 3-10　2010 年和 2011 年中国农产品区域公用品牌价值评估参评品牌情况分析表

| 2010 年排名 | 省份 | 入选品牌数量 | 入选品牌所占份额（%） | 2011 年排名 | 省份 | 入选品牌数量 | 入选品牌所占份额（%） |
|---|---|---|---|---|---|---|---|
| 1 | 山东 | 69 | 13.09 | 1 | 山东 | 60 | 12.53 |
| 2 | 四川 | 66 | 12.52 | 1 | 浙江 | 60 | 12.53 |
| 3 | 浙江 | 56 | 10.63 | 2 | 四川 | 55 | 11.48 |
| 4 | 新疆 | 46 | 8.73 | 3 | 福建 | 32 | 6.68 |
| 5 | 福建 | 34 | 6.45 | 4 | 甘肃 | 25 | 5.22 |
| 6 | 湖北 | 25 | 4.74 | 5 | 湖南 | 24 | 5.01 |
| 7 | 湖南 | 22 | 4.17 | 6 | 新疆 | 22 | 4.59 |
| 8 | 江西 | 20 | 3.80 | 7 | 湖北 | 20 | 4.18 |
| 8 | 广东 | 20 | 3.80 | 8 | 安徽 | 19 | 4.00 |
| 9 | 安徽 | 17 | 3.23 | 9 | 广东 | 18 | 3.76 |
| 10 | 甘肃 | 16 | 3.04 | 10 | 江苏 | 17 | 3.55 |
| 11 | 重庆 | 13 | 2.47 | 11 | 江西 | 12 | 2.51 |
| 11 | 广西 | 13 | 2.47 | 12 | 黑龙江 | 11 | 2.30 |
| 12 | 江苏 | 12 | 2.28 | 12 | 河南 | 11 | 2.30 |
| 13 | 贵州 | 11 | 2.09 | 12 | 贵州 | 11 | 2.30 |
| 14 | 宁夏 | 10 | 1.90 | 13 | 陕西 | 10 | 2.09 |
| 14 | 辽宁 | 10 | 1.90 | 13 | 重庆 | 10 | 2.09 |
| 15 | 内蒙古 | 9 | 1.70 | 13 | 云南 | 10 | 2.09 |
| 15 | 黑龙江 | 9 | 1.70 | 14 | 内蒙古 | 9 | 1.88 |

| 2010 年排名 | 省份 | 入选品牌数量 | 入选品牌所占份额（%） | 2011 年排名 | 省份 | 入选品牌数量 | 入选品牌所占份额（%） |
|---|---|---|---|---|---|---|---|
| 16 | 河南 | 8 | 1.52 | 14 | 辽宁 | 9 | 1.88 |
| 16 | 陕西 | 8 | 1.52 | 15 | 广西 | 8 | 1.67 |
| 17 | 北京 | 6 | 1.14 | 16 | 宁夏 | 6 | 1.25 |
| 18 | 山西 | 5 | 0.95 | 17 | 山西 | 5 | 1.04 |
| 18 | 吉林 | 5 | 0.95 | 18 | 吉林 | 4 | 0.84 |
| 18 | 云南 | 5 | 0.95 | 18 | 青海 | 4 | 0.84 |
| 19 | 河北 | 4 | 0.76 | 19 | 河北 | 3 | 0.63 |
| 20 | 青海 | 3 | 0.57 | 20 | 上海 | 2 | 0.42 |
| 20 | 上海 | 3 | 0.57 | 21 | 天津 | 1 | 0.21 |
| 21 | 天津 | 1 | 0.19 | 21 | 北京 | 1 | 0.21 |
| 21 | 海南 | 1 | 0.19 | | | | |
| 总计 | | 527 | 100 | 总计 | | 479 | 100 |

资料来源：由 2010 年和 2011 年《中国农产品区域公用品牌价值》整理和计算而得。

### 3.2.3 农事节庆活动对农产品区域品牌传播的贡献度不高

2010 年浙江大学 CARD 农业品牌研究中心对分布在中国内地的 100 个以构建农产品区域公用品牌为主体目标的农事节庆活动进行了评估。本次评估既涵盖了农产品区域公用品牌的品牌价值评估，同时也将一个农事节庆活动为区域公用品牌所做的各个方面的贡献度纳入评估体系之中，并体现出了农事节庆活动本身所独有的经济、社会、文化及环境效益等因素。在对农事节庆的品牌传播影响力一项的评估中，乌兰察布马铃薯是媒体报道量最低的品牌节庆之一，与洛阳牡丹、平谷大桃等媒体报道量最高的品牌节庆在报道篇数上相差甚远。而从最后课题组公布的 2010 年中国农事节庆影响力指数排行榜的排名情况看，内蒙古唯一参评的乌兰察布马铃薯文化节排名较为靠后，居第 92 位，影响力指数仅为 32.5，与排名前 10 位的农事节庆活动相比差距非常明显（见表 3 - 11）。这也从侧面说明了内蒙古农产品区域品牌竞争力还需要提升。

表 3 - 11　2010 年中国农事节庆影响力指数排行榜（前 10 位与后 10 位）

| 排名 | 农事节庆名称 | 影响力指数 |
|---|---|---|
| 1 | 河南省洛阳牡丹花会 | 89.3 |
| 2 | 西湖龙井茶开茶节 | 89.1 |

续表

| 排名 | 农事节庆名称 | 影响力指数 |
|------|------------|-----------|
| 3 | 中国盱眙国际龙虾节 | 87.6 |
| 4 | 中国（金乡）国际大蒜节 | 76.0 |
| 5 | 中国·陕西（洛川）苹果节 | 75.7 |
| 6 | 中国·余姚杨梅节 | 74.1 |
| 7 | 北京平谷国际桃花节 | 70.7 |
| 8 | 中国国际茉莉花文化节 | 69.9 |
| 9 | 安吉白茶开采节 | 69.5 |
| 10 | 中国湖州（长兴）陆羽国际茶文化节 | 69.4 |
| … | … | … |
| 91 | 云雾贡茶旅游节 | 32.9 |
| 92 | 乌兰察布马铃薯文化节 | 32.5 |
| 93 | 荔浦芋美食文化节 | 31.4 |
| 94 | 中国湖南永兴冰糖橙节 | 30.7 |
| 95 | 三垟瓯柑节 | 29.7 |
| 96 | 凌云白毫茶文化节 | 28.1 |
| 97 | 四川广安龙安柚品果节 | 26.9 |
| 98 | 建德·里叶荷花节 | 26.6 |
| 99 | 北京密云板栗节 | 26.5 |
| 100 | 青山贡果文化节 | 24.1 |

资料来源：此表摘自浙江大学 CARD 农业品牌研究中心中国农事节庆影响力研究课题组公布的《2010年中国农事节庆影响力指数排行榜》。

综上可以看出，内蒙古现有的农产品区域品牌与全国其他地区农产品区域品牌相比竞争力水平并不高，还有待进一步提升。

## 3.3　内蒙古农产品区域品牌建设及竞争力提升障碍与成因分析

虽然目前内蒙古农产品区域品牌的建设取得了一定的成绩，但是在农产品区域品牌的发展过程中不可避免地存在着一些问题和不足，仍然需要进一步地完善和提高。

### 3.3.1 提升障碍

内蒙古农产品区域品牌建设及竞争力提升存在的障碍有品牌建设动力不足、品牌效应尚未形成、品牌保护意识淡薄、品牌宣传力度不够、品牌社会价值不高、农业生态环境质量严重下降及品牌创新能力不强等方面。

（1）农产品区域品牌建设动力不足。

目前，内蒙古各级有关部门都对农产品区域品牌的创建工作即农产品地理标志的申报与认证工作极为重视，而品牌创建之后对品牌的使用、维护及其未来的发展缺乏有效的管理和监督。在内蒙古现有的法律法规中虽然有一些条文是对品牌使用者的行为进行约束，规定了品牌使用者的权利和义务，但是并没有明确指出使用者及管理者的哪些具体行为不利于品牌的维护和发展、不利于品牌未来的可持续发展以及具体的惩罚措施。在对农产品区域品牌建设较为重要的农产品质量安全体系建设方面，内蒙古也存在着农畜产品标准化体系建设、农畜产品质量安全追溯体系产品认证相对比较滞后等问题，在农畜产品生产、加工、流通、质量检验、标识管理等各个环节，还没有建立一套严格的市场准入、监管体系和质量安全控制体系。

从管理者的角度来说，也没有真正履行自身的职责，在农产品区域品牌的宣传推广等方面仍存在着一些问题。正是由于相关部门以及品牌管理者和使用者对品牌的使用与维护工作的忽视，直接导致了内蒙古的农产品区域品牌数量在不断增加的同时，品牌的建设水平不高的情况。在与区外同类产品竞争时，内蒙古的农产品区域品牌市场份额非常有限，竞争力水平普遍不高。

（2）农业产业集群优势不明显，没有形成较强的品牌效应。

农产品区域品牌与农业产业集群之间存在着极为密切的关系，两者相辅相成。农产品区域品牌有利于农业产业集群的产生、成长，而农业产业集群一旦形成之后会成为农产品区域品牌的有形载体，对农产品区域品牌的传播与维护起到至关重要的作用。可以认为，农产品区域品牌是产业集群发展的高级形态，农业产业集群是农产品区域品牌发展的一条重要途径，也是衡量农产品区域品牌发展程度的一个标志。

综观内蒙古农业产业集群的发展，目前已经初步形成了 10 个重点农业产业集群和具有一定比较优势的农业产业聚集带，其中包括牛奶、肉羊、肉牛、马铃薯、番茄等农产品。形成了以呼和浩特市、包头市和呼伦贝尔市为核心区的乳产业生产加工基地；以通辽市和呼和浩特市为中心的玉米产业带；以鄂尔多斯市和巴彦淖尔市为中心的番茄生产加工基地。上述这些农业产业带的形成为内蒙古农畜产品加工业的发展提供了重要的支撑。但是从实际情况来看，内蒙古农业产业集群的发展仍然存在着很多问题：其一，农畜产品加工企业规模总体上看并不大，发展能力有限，品牌建设意识淡薄。除了已经比较成型的乳业、羊绒产业外，其他产业如粮油、肉类等还缺少大型的龙头企业，更没有培育出国内知名乃至国际知名的大品牌，市场竞争能力较弱。其二，产业链条无法延伸，产品附加值较低。内蒙古的农产品加工率只有54.8%，深加工率仅为20%左右，与国内其他地区相比尤其是与发达省份相比差距明显，而且内蒙古以初加工产品居多，产品科技含量低，附加值不高。其三，原料基地建设比较滞后。虽然内蒙古是全国重要的农畜产品生产基地，但是内蒙古原料基地的建设水平严重滞后，达到规模化、标准化和集约化的基地数量并不多，而且在产品提供的数量、质量等方面并不能满足龙头企业的生产需要。

（3）缺乏农产品区域品牌保护意识。

近些年在各个地区涉农政府部门的努力下，内蒙古农产品区域品牌数量在不断增加，但是由于农产品区域品牌面对的多是一些中小企业及农户，这些农业企业及农户往往品牌意识不强，成了农产品区域品牌建设的"软肋"。农户由于本身条件所限缺乏品牌的基本知识，根本没有品牌意识，他们只看到眼前利益，而忽视农产品区域品牌的保护工作，一些农业企业、专业合作组织认为品牌保护是"烧闲钱"，与自己无关。而且一些基层政府部门普遍对创建品牌较为关注，而对品牌的进一步发展和保护则很少过问，不愿意在品牌保护方面更多地进行资金投入，对滥用、假冒品牌现象的打击力度非常有限。因此，使得内蒙古现有农产品区域品牌的发展受到了严重的影响。

（4）农产品区域品牌宣传力度不够。

如前文所述，内蒙古农产品区域品牌数量不断增加，但是知道这些品牌的人却很少，很多人都不知道什么是农产品区域品牌产品。这与品牌创建者和管理者对品牌的宣传推广工作有着极为密切的关系。一个具体的数据是，在百度上搜索"内蒙古农产品区域品牌"仅有544万的网页与之相关，而搜索农产品区域品牌数量较多且具有一定竞争力的其他省份的农产品区域品牌时就出现了明显的差距，如搜索"山东农产品区域品牌"则有617万的网页。在内蒙古的相关媒体中也极少看到有关农产品区域品牌的宣传报道。人们往往对各盟市的土特产比较了解，但并不知道其实有些土特产同时也是区域品牌农产品。为了能够对这一情况有更为深入的了解，本书以"武川土豆"这一农产品区域品牌为例，分别从生产者（农户）、消费者和管理者这三个方面进行了调查。首先，从生产者角度，笔者到"武川土豆"的产地武川县进行了实地考察，走访了土豆种植面积比较大的几个乡，并选取了其中的6个自然村（行政村）进行了入户调查。结果发现，几乎所有的农民都不知道"武川土豆"是内蒙古著名的农产品区域品牌，但是都知道"武川土豆"是本地的特产，品质好、售价高。其次，从消费者角度，笔者对不同收入阶层的消费者进行了随机调查，结果发现大多数的消费者对土特产的认知明显高于对农产品区域品牌的了解。最后，从管理者的角度来说，情况要稍微好一些。笔者对武川县的一些乡干部、村干部还有一些马铃薯种薯生产基地的负责人进行了走访，结果显示，这些人当中很多人对于"武川土豆"这一农产品区域品牌都有一定的了解。

另外，目前内蒙古与农业有关的会展活动虽然在不断地增加，但以农产品区域品牌为主体的会展活动则很少。诸如前文曾经提到的内蒙古国际农业博览会、内蒙古绿色食品交易会、内蒙古特色农产品展销会等。虽然上述展会都会有相应的农产品区域品牌参展，但是由于这些展会并不是主要针对区域品牌农产品而设立的，因此，能够参与其中的农产品区域品牌并不多。例如，内蒙古国际农业博览会是内蒙古目前知名度较高的一种展会形式，但是其中只设置了一个品牌农畜产品展区，而且在这个展区中所包含的种类又很繁杂，因此，能够提供给区域品牌农产品的展位就非常有限。所以由于缺少单纯以农产品区域品牌为主体的会展活动，直接影响了内蒙古农产品区域品牌影响力和知名度的扩大。

（5）农产品区域品牌社会价值不高。

农产品区域品牌社会价值通常由富民效应、地方形象和区域发展三个方面来体现。农产品区域品牌只有在每一个方面都有上乘表现才能说明其社会价值较高，反之其社会价值就很低。诚如前文所述，内蒙古农产品区域品牌在推动区域发展尤其是区域经济发展方面起到了非常重要的作用，但在富民效应和地方形象树立两个方面的贡献却很有限。在内蒙古由于近些年来农产品区域品牌数量的不断增加，在这众多品牌中因不同品牌的知名度和美誉度不同，导致其在市场中的竞争力有明显的差别，自然对当地的生产者和种植者而言，其所获得的收益就会存在着明显的差距。如开鲁红干椒、莫力达瓦菇娘、武川土豆等品牌因具有较大的市场影响力为当地生产者带来了不菲的收入，但是像托县茴香、察右中旗红萝卜等由于各种原因其品牌知名度不高且市场份额有限，很难带动当地的生产者致富。因此，内蒙古农产品区域品牌在富民效应这一方面的影响，难以统一评价，但总体上看，仍很有限。对于地方形象的树立而言，这是内蒙古农产品区域品牌建设及其竞争力提升的短板。在现有的农产品区域品牌中很难找到能够代表其所在地域形象的品牌，品牌形象与其所在地域严重脱节。

正是由于上述两个方面的不佳表现，致使内蒙古农产品区域品牌的社会价值不高，严重影响品牌竞争力的提升。

（6）农牧业生态环境质量严重下降。

内蒙古农牧业生态环境质量逐年下降，已明显制约农牧业经济的健康发展，对农畜产品的品质产生了严重的影响，进而阻碍了农产品区域品牌竞争力的提升。目前内蒙古农牧业生态环境的恶化主要表现在：①草场退化面积逐年增加，草原生态环境破坏严重。由于超载、滥垦乱伐、滥挖和气候变化，人工草场建设缓慢，使得草场大面积退化、沙化、盐碱化。目前全区草场退化总面积已达 2500 万公顷，从而导致沙尘暴、干旱等自然灾害频繁，产草量降低，严重影响了当地畜牧业尤其是肉羊产业的持续、稳定发展。②耕地盐渍化现象严重。内蒙古气候干燥，蒸发量大大超过降水量，构成线层地下水以垂直排泄为主，盐随水来，水去盐留，加之水资源利用不当及流经内蒙古的黄河、辽河等几大水系均存在水土流失现象，特别是农业生产中大水漫灌和重灌轻排，出现了次生盐渍化且分布地域较广。目前全区盐渍化耕地已达 66 万公顷，占全区耕地总面积的 12.5%，尤其以河套平原和西辽河流域最为严重。而河套平原正是巴彦淖尔小麦、河套番茄等品牌的主要产地。

（7）品牌创新能力不强。

目前内蒙古农畜产品加工率只有 54.8%，深加工率仅为 20% 左右。与发达国家 90% 以上的加工率和 80% 以上的深加工率相距甚远。因此在农产品区域品牌产品种类的开发、延伸产品的生产以及适应市场的多样性、个性化需求等方面的能力有待提高。以马铃薯和牛羊肉为例，这是内蒙古知名度较高的两类区域品牌农产品，乌兰察布马铃薯是内蒙古叫得响的地域品牌，而且内蒙古的马铃薯加工能力占到了全国的三分之一，但内蒙古的马铃薯产品大多是生产淀粉、粉条、薯片等，种类屈指可数，口味也很有限，与国外 1000 多种的深加工马铃薯终端产品相比，微不足道。而牛羊肉的延伸产品，也仅限于羊肉卷、牛肉干等，而严格来讲这还不是真正的品牌创新。

### 3.3.2　成因分析

从上述内蒙古农产品区域品牌建设及竞争力提升障碍形成的原因来看，主要有：政府的作用发挥不够，农畜产品及农牧业发展的支撑不足，企业的参与深度不够和农产品行业协会参与深度不够、职能发挥有限等。

（1）政府的作用发挥不够。

政府在农产品区域品牌发展中具有不可替代的作用，政府利用其资源在农产品区域品牌发展规划制定、发展环境建设、品牌宣传、品牌维护等方面发挥着重要的作用。但从目前内蒙古农产品区域品牌发展情况来看，各级政府在农产品区域品牌发展中的作用还未充分发挥。第一，部分地方政府对发展农产品区域品牌的重要性认识不足，缺少对地域内农产品区域品牌发展规划，特别是如何赋予具有悠久历史传统的区域品牌新的内涵方面重视不够，致使内蒙古很多具有民族特色的农产品，比如阿巴嘎策格等其自身的潜在内涵无法得以充分的挖掘，严重影响了这一品牌的发展。第二，部分地方政府对农产品区域品牌的管理方式不够科学，农产品区域品牌产权主体模糊不清，容易导致农产品区域品牌"公地悲剧"的发生。政府对农产品区域品牌主体的打造缺少必要的考虑，同时对农产品区域品牌的注册与管理工作落后于农产品区域品牌的发展，比如随着牛羊肉价格的不断上涨，河北、山东、山西等地的活畜大量进入锡林郭勒盟、呼伦贝尔市进行屠宰加工，并冒充当地的牛羊肉品牌进入市场，还有"假牛羊肉卷"事件，这些都严重损害了内蒙古牛羊肉品牌的市场声誉。第三，部分地方政府对如何创新农产品区域品牌宣传手段缺乏必要考虑，仍按照以前的简单方式进行宣传，缺少对区域文化传统与农产品区域品牌结合的有效挖掘，导致部分农产品区域品牌的知名度、影响力不高。这样的例子在内蒙古有很多，在内蒙古的各种媒体上很少能看到对农产品区域品牌产品的宣传，口头传播的传统方式仍占据主要位置。

（2）农畜产品及农牧业发展的支撑不足。

农产品是农产品区域品牌存在的物质实体，而农业发展是农产品发展的基础，农产品及农业发展对农产品区域品牌发展具有重要的支撑作用。但从内蒙古的实际情况来看，内蒙古农畜产品以及农牧业发展状况显然对农产品区域品牌发展提供的支撑明显不足。

首先，内蒙古农牧业基础设施还不是很完善。因为历史原因，内蒙古农牧业基建投入相对不足，农牧业基础设施状况不容乐观，抵御各种灾害的能力不足。这一方面使农产品的产量难以得到保证和提高，另一方面使区域品牌农产品的品质也受到了一定程度的影响。如由于缺少标准化的牲畜暖棚和储草棚等现代畜牧业基础设施，锡林郭勒盟农牧民饲养的锡林郭勒羊、苏尼特羊等肉羊无法安全过冬，对肉羊的正常繁殖产生了极大的影响，不仅使羊肉的供应数量受到限制，进而也影响了品牌羊肉的品质。另外，内蒙古在农牧业生态环境整治、农牧业科技创新与推广、农畜产品技术质量安全标准和检验检测体系、农牧业信息体系、农畜产品市场等基础性设施的建设也十分滞后。作为内蒙古重要的农牧业经济发展支柱的羊肉产业，其质量安全追溯体系建设的时间较晚，是从 2013 年开始率先在锡林郭勒盟展开的，截至 2014 年初这一体系已经基本建成，但是覆盖范围仍仅限于锡林郭勒盟的锡林浩特市、苏尼特右旗和东乌珠穆沁旗 3 个旗市的 7 家企业。目前，内蒙古羊肉产业的质量安全追溯体系的建设仍处于推广深化阶段。对于内蒙古其他的区域品牌农畜产品而言，其质量安全追溯体系建设尚未被纳入议事日程中。

其次，农畜产品加工业发展滞后。农产品区域品牌所依托的产品往往是经过加工之后的农畜产品，农畜产品加工过程对农产品区域品牌具有重要的影响。相比来说，内蒙古农畜产品加工业虽然有了很大发展，但仍然存在着诸多问题：一是除乳制品、羊绒产业的发展已经较为成熟，形成了稳定的原料生产基地和先进的加工企业集群外，粮油、蔬菜、果品等产业则存在着很多问题，如缺少农产品加工的龙头企业，已有的农畜产品加工企业数量多但总体规模小，实力较弱；品牌建设意识及建设基础不强，深加工度不足；不注重产品包装等问题。更没有创出国内外知名品牌，市场竞争力不强。二是产业规模偏小，比如截止到 2013 年内蒙古蔬菜、马铃薯产业的占比分别只有 2.9% 和 1.5%。三是农畜产品生产基地建设严重滞后，在数量、品种、质量安全等方面均无法与龙头企业的需要相衔接。四是投入机制不健全，投融资渠道不畅。资金短缺的矛盾一直是困扰农畜产品加工企业发展的"瓶颈"，特别是中小型加工企业融资难、贷款难、担保难的问题依然突出。五是地区发展不平衡。工业化程度比较高的盟市，如呼和浩特市和通辽市，农畜产品加工的规模、水平、集约化程度等方面均处于自治区前列，工业基础薄弱的盟市，农畜产品加工的发展水平相对较低。综上所述，由于内蒙古现有农畜产品加工业发展水平的制约，使内蒙古农产品区域品牌的发展及竞争力的提升受到了不同程度的影响。

最后，农牧业科技创新能力、技术投入、推广与应用等方面有待进一步加强。

虽然农产品区域品牌强调对传统的继承，但科技投入与应用能够赋予农产品区域品牌新的内涵。虽然 2013 年内蒙古农业科技贡献率达到 49%，但是内蒙古的科技投入总量和投入方式存在问题，科技研发和推广不衔接的问题没有得到有效解决。尽管目前国家和自治区的各项支农惠农资金很多，但绝大多数都以补贴的形式落实给农牧民，很大一部分农牧业科技项目的立项和资金掌握在非农牧业部门手中，由农牧业部门主导的科研计划和科技推广受制于项目和经费的短缺，导致科技成果向实际生产力转化时就会受到制约。由此导致科技对农牧业的贡献仍显不足，科技对农牧业的发展支撑能力有限，自主创新能力不强，农业技术推广体系建设还不能适应现代农牧业发展需求，没有形成稳定的科技投入机制等，这些问题的存在制约了农牧业及农畜产品的发展，也影响到农产品区域品牌的进一步发展。例如，由于马铃薯节水高产高效栽培技术推广规模有限，使乌兰察布马铃薯、武川土豆等区域品牌农产品亩产量难以提高，既影响了农民增收又给该品牌产品的市场供应带来了困难。

可见，虽然内蒙古特色农畜产品较多、质量较好，但产能有限、产量较少，难以形成规模经营，而且许多农畜产品没有注册商标。这些因素都导致内蒙古众多农畜产品的知名度不高，难以形成在全国乃至世界范围内具有一定影响力的农产品区域品牌。

（3）企业的参与深度不够。

内蒙古农畜产品原料充足，为农畜产品加工产业的发展提供了必要的物质基础。目前，内蒙古已有国家级农牧业产业化重点龙头企业 38 家、自治区级重点龙头企业 556 家、上市公司 9 家，除了引进山东阜丰、江苏雨润等区外重点龙头企业，世界 500 强企业雀巢集团也在内蒙古落户。据统计，2013 年全区销售收入500 万元以上企业达到 1981 家，农畜产品中国驰名商标达到 46 件。虽然内蒙古的农畜产品加工业龙头企业的数量及发展规模都在不断地扩大，但是这些龙头企业都是以生产绿色食品为主，是内蒙古绿色食品产业发展的主力军。而对于农产品区域品牌产品的生产加工极为有限，因此对于区域品牌农产品而言，不仅无法得到进一步的精深加工，从而也无法创造出相应的经济收入，而且对于农产品区域品牌自身的发展来说龙头企业能够起到的推动作用也是十分有限的。

由于龙头企业实力及其带动能力的限制，内蒙古产业化经营的程度、规模和成效也受到了一定的影响。虽然内蒙古农牧业产业化整体水平在全国范围内的排名还是比较靠前的，但与山东、吉林、湖南、辽宁、河南等加工业发达省份相比较，内蒙古的差距仍然不小。山东省规模以上农业产业化龙头企业有 8000 多家，而内蒙古只有 1849 家，山东省销售收入过亿元的龙头企业达到 2170 家，而内蒙古仅有 461 家。这说明，内蒙古的龙头企业还不够多，规模还不够大，加之区内加工企业少，深层次加工产品欠缺，很多如粮豆类区域品牌农产品缺乏精细化深加工，多数都以原材料形式外销，这一现状不仅制约了相应农产品区域品牌资产价值的提升，同时也对内蒙古农牧业产业化整体水平的进一步提升形成了阻碍。

（4）农产品行业协会参与深度不够、职能发挥有限。

农产品区域品牌具有典型的"公共物品"属性，对区域内的所有品牌使用者而言存在着丰厚利益，也存在着巨大风险。因此，农产品区域品牌的发展及其竞争力的提升需要区域内所有经济主体的共同努力，以避免理性经济人在巨大经济利益驱使下的所谓理性行为给集体带来非理性的结果。而作为农产品区域品牌最适宜管理主体的农产品行业协会在这其中具有举足轻重的地位。农产品行业协会应充分发挥自身的职能与作用，建立有效的沟通与协调机制，促使区域内的农产品区域品牌使用者共同承担起对品牌的保护和发展的责任。

但是，从内蒙古目前的实际情况来看，农产品行业协会的参与深度不够且职能与作用的发挥仍十分有限。在内蒙古现有的农产品地理标志中只有 29 个是由各类行业协会进行申报、注册和登记的，占总数的 44%；其余的农产品地理标志都是由农业技术推广中心、绿色产业发展中心、质量技术监督局、农牧场管理局、农业种子（家畜）改良站、农产品质量安全中心、农业环保能源工作站、国家自然保护区管理处、农牧业科学研究所、出入境检验检疫局及农牧业产业化办公室等带有一定行政色彩的机构（单位）进行申报、注册和登记的。这些行政机构的主要工作仅仅是负责某一农产品相关资料的准备、上报等前期的申报，而对地理标志农产品批准登记，转化为农产品区域品牌后的管理及发展建设工作则无暇顾及。

对于由行业协会申报的农产品区域品牌而言，因其大多是由当地政府部门牵头成立的，所以行业协会存在的价值及作用就是辅助政府部门来进行农产品地理标志的登记注册工作，同时从事一些区域品牌农畜产品养殖、种植技术的培训等日常工作。可以说，农产品行业协会在农产品区域品牌的发展中仅是一个"配角"，而没有上升为品牌建设的"主角"即行业协会的定位不明确。即使能够独立进行农产品区域品牌的管理，其自身职能的发挥也会受到诸多因素的制约：一是，缺乏高素质的组织管理人才进行运作和管理。在内蒙古行业协会实际运行过程中，由于没有人才保障，管理跟不上，大部分行业协会仍停留在合伙型、契约型等原始合作形态，没有真正进入较高形式的合作形态。而行业协会成员文化水平普遍偏低，农村经济管理知识匮乏，品牌创新与管理能力不强，法律保护意识淡薄。不仅如此，大多数行业协会还缺乏有实践经验、有合作理念、有市场知识的牵头人，因此使得行业协会自身的正常运转无法得到保障，在农产品区域品牌的管理和保护中无法较好地履行自身的职能，难以满足农产品区域品牌进一步发展的需要。二是，缺乏有效的资金及政策扶持。由于在现实发展中还没有专门针对行业协会的资金补贴，而从银行贷款又没有抵押物；另外，金融扶持政策难以落实，致使内蒙古行业协会的发展壮大步伐十分缓慢。这就使得行业协会自身作用的发挥受到了一定的制约，使行业协会在农产品区域品牌的保护中缺少"话语权"。三是，政府对农产品行业协会的管理尚未理顺，使行业协会无法在农产品区域品牌建设中发挥正常的服务功能。目前，内蒙古各个盟市还没有出台针对行业协会的地方财政扶持、信贷支持、用水、用地以及人才支持等方面的扶持政策，缺乏对行业协会在制定章程、民主管理制度、盈余分配制度和财务会计制度等方面的有效指导，同时对行业协会组织知识培训力度不够等问题，使行业协会在农产品区域品牌的运作过程中无法为其提供必要的服务。而且在行业协会的实际运行中又不能反映成员的利益，也不能为成员提供应有的服务，因而很难得到成员的支持与认可，对成员的行为也无法进行有效的制约和监督，所以在农产品区域品牌遭遇危机时行业协会也难以有所作为。例如，在内蒙古所经历的"假羊肉风波"中，行业协会的无作为最终助长了这一事件的发酵，使内蒙古的羊肉品牌遭遇到了前所未有的信任危机，也给内蒙古羊肉品牌的发展带来了重大的损失。

上述情况表明，内蒙古农产品行业协会在农产品区域品牌建设中的参与深度严重不足，而这一现实情况必然导致农产品区域品牌的后续管理及发展建设受到严重的影响。

# 3.4　本章小结

本章对目前内蒙古农产品区域品牌建设及其竞争力状况进行了阐述。内蒙古农产品区域品牌建设成效主要体现在数量逐年增加、品牌价值渐趋提高、"学习效应"显现、经济效益日益凸显、交流平台多样化以及品牌创建意识有所提高等方面。但由于品牌建设动力不足、农业产业集群优势不明显，没有形成较强的品牌效应、缺乏品牌保护意识、宣传力度不够、品牌社会价值不高、农牧业生态环境质量严重下降及品牌创新能力不强，致使内蒙古农产品区域品牌竞争力难以提升。究其原因在于政府的作用发挥不够、农产品及农业发展的支撑不足、企业参与深度不够以及农产品行业协会的职能发展不够等。

# 4

农产品区域品牌竞争力的影响
因素及其形成机制

由于农产品区域品牌竞争力的提升是一项复杂的系统工程，涉及的方面较多，因此，影响农产品区域品牌竞争力提升的因素必然具有一定的复杂性和多样性。本章将从区域要素、品牌要素、产业要素和支持要素四个方面，选取对农产品区域品牌竞争力具有一定影响力的影响进行分析。此外，还将对农产品区域品牌竞争力的形成机制进行相应的剖析。

## 4.1 农产品区域品牌竞争力的影响因素解析

下文将对区域因素中的区域资源基础、区域组织管理能力、区域农业生态环境和农产品区域品牌的社会价值等因素进行解析；对品牌要素中的品牌创新能力、品牌定位、品牌的质量及价格和品牌知名度与美誉度等因素进行解析；对产业因素中的农业产业集群发展速度、农业产业化龙头企业、配套型中小企业和农业产业化水平等因素进行解析；对支持因素中的农产品质量安全体系、信贷环境、技术水平和农产品行业协会的协调和监管进行解析。

### 4.1.1 区域因素解析

（1）区域资源基础。

从世界各国农产品区域品牌的发展历程来看，其都具有非常明显的地域特征，是其所在地域农产品的杰出代表，而且几乎所有的区域品牌农产品名称都会将其所在地域的名字包含其中，比如涪陵榨菜、烟台苹果、宁夏枸杞以及吐鲁番葡萄等。农产品区域品牌的这一特征表明，农产品区域品牌的形成与当地的资源密切相关。这些资源主要包括区域内的自然资源、社会资源以及特色农业资源等。一般而言，区域自然资源是指一个地区所具有的独特自然生态环境，是指农产品品质特色形成和保持的独特产地环境因子，如独特的光照、温湿度、降水、水质、地形地貌、土质等。社会资源则是指区域内所拥有的传统农产品种植、养殖和加工工艺、特定的生产方式以及农产品形成的历史、人文推动因素、独特的文化底蕴等。特色农业资源是指本区域内所独有的在其他地区很难找到类似或相同的农畜产品资源。上述这些区域资源为农产品区域品牌的形成提供了得天独厚的条件。可以说，农产品区域品牌是区域资源禀赋、区域历史文化的积淀。正是这种区域独特性使得农产品区域品牌很难被复制与模仿，从而使这一品牌的农产品在市场上很难遇到同类产品的竞争，而其本身也就具有较强的竞争力（见图4-1）。

因此，区域内资源种类丰富与否、数量的多少、资源品质的好坏、分布情况以及资源的组合变化，尤其是区域内特色资源的种类、数量和质量将会直接影响到该区域内农产品区域品牌的形成及其竞争力的强弱。

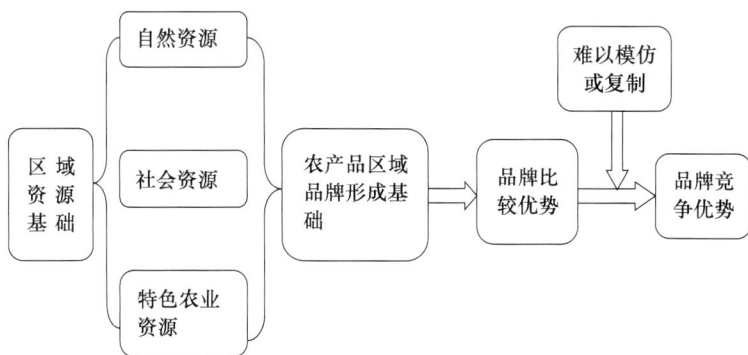

**图4-1 区域资源基础对农产品区域品牌竞争力的影响**

（2）区域组织管理能力。

区域资源禀赋固然是农产品区域品牌形成的必要条件，但是就农产品区域品牌的创建及其竞争力提升来说政府部门本身所能发挥的有效的组织、管理以及协调能力同样也是必不可少的要素。在农产品区域品牌形成与发展的不同阶段，区域政府扮演着不同的角色并履行不同的职责。一般来说，在农产品区域品牌的形成与发展过程中，地区政府分别扮演着引导者、辅助者、制定者和监督者等角色。具体而言，在农产品区域品牌培育阶段，需要政府部门出台与实施各种相应的经济政策来加以扶持和引导，从而使农产品区域品牌的培育能够顺利进行并孕育出满足市场需求且具有较好发展前景的品牌。待农产品区域品牌培育成功之后，区域政府的角色也应随之发生转变，由农产品区域品牌创建的主导者转变为品牌发展的辅助者。在这个过程中政府部门应充分发挥自身所具有的良好的组织、协调能力，充分调动各种资源，强化对农产品区域品牌的宣传、推广，进而使农产品区域品牌在最短的时间内为大众所熟悉。同时，政府部门要协调农产品流通的各个环节，减少农产品进入市场的流通费用，降低成本，使农产品在价格上具有一定的优势，提高农产品区域品牌竞争力。从而使该品牌能够顺利进入市场并参与同类产品的市场竞争。在农产品区域品牌参与市场竞争时，政府的角色便由辅助者转变为制度规范的制定者。制度是一种约束人们行为的规则，具有约束功能和激励功能。制定有效的制度规范使参与竞争的所有农产品区域品牌能够在公平的氛围中展现自身的竞争优势，遵循优胜劣汰的游戏规则，同时可以降低交易费用，提高市场经济运行效率，并保证市场的有序性。进而可以为农产品区域品牌的发展创造一个良好的环境，为其竞争力的提升夯实基础。

此外，对于农产品区域品牌的发展而言，政府的监督者角色则更为重要。由于农产品区域品牌具有准公共物品的属性，加之品牌使用者的有限理性、机会主义倾向和不完全信息的存在，会使损害农产品区域品牌形象的事件屡屡发生。例如，在信息不对称的情况下，未经授权的品牌使用者通过欺骗、说谎等隐瞒信息的手段获利，从而使消费者蒙受各种损失，进而导致消费者对该品牌产品丧失信心，使品牌形象蒙羞。若一直持续下去，难免会使区域品牌农产品的市场份额下降，品牌的生命力和竞争力减弱。而政府的监督是最有效地遏制上述现象发生的解决方式。政府的监督之所以行之有效，关键在于政府不仅可以通过制度规范来约束品牌经营者和使用者的行为，更拥有对违反制度规范的不法行为的处罚权，正因为如此，才能从根本上保证农产品区域品牌的良性发展（见图4-2）。

（3）区域农业生态环境。

在中国农产品区域品牌的实质就是农产品地理标志的品牌化。理论界所研究的农产品区域品牌大多是在国家相关机构登记注册的农产品地理标志，因此，农产品地理标志是一种接受法律监督、享受法律保护的特殊农产品区域品牌。而农产品地理标志的登记有着极为严格的审批程序，自2008年2月起正式实施的《农产品地理标志管理办法》对申请地理标志登记的农产品规定了应符合的5个条件，其中一个条件为"产地环境、产品质量符合国家强制性技术规范"。这一条件意味着农产品区域品牌内涵自然生态环境的规定性，即良好的生态环境是农产品区域品牌创建的首要前提和根本保障。

良好的农业生态环境是农产品区域品牌赖以生存的土壤，是品牌农产品上乘品质的重要根基，是成功创建农产品区域品牌并使其持续、健康且良性发展的首要基本条件。一旦生态环境遭到严重的污染，即使有再好的政策、再多的投入、再先进的农业技术，对于保持农产品良好而稳定的品质也是于事无补。而农产品区域品牌作为一种或一系列农产品的集合，是农产品质与量的精华和浓缩，既代表特定的农产品属性，又是产品良好质量的保证。它向消费者传递优质、安全的产品质量信息，是可以令人信赖的产品标识。由此，良好的农业生态环境则成为农产品区域品牌发展的第一要素，同时也是影响其竞争力提升的关键性因素之一。

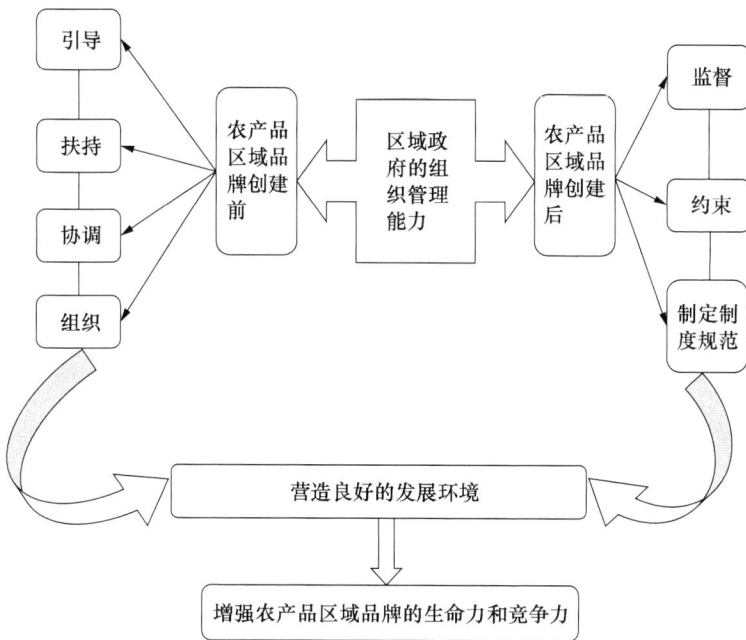

图 4-2　区域政府组织管理能力与农产品区域品牌竞争力

　　（4）农产品区域品牌的社会价值。

　　农产品区域品牌是地域公（共）用品牌，是一种新生的无形资产，代表着农产品优良的品质和良好的声誉，是中国当前阶段能够承载三农权益的有效主体之一，是区域农业经济发展及农业竞争力提升的重要组成部分，是区域地方形象和人文价值的代表符号，也是农产品国际贸易中中国权益的重要体现。农产品区域品牌价值呈现出综合性的特征，农产品区域品牌的综合价值是与其地域性、持久性和群体性相联系的。因此农产品区域品牌的人文价值、经济价值和社会价值就构成了它的综合价值。农产品区域品牌与当地人文相结合，从而使其不仅成为当地一种特有的风俗习惯而且也是品牌所在区域社会活动的重要组成部分之一。因此，农产品区域品牌的综合价值是其经济价值所无法逾越的。经济价值只不过是农产品区域品牌综合价值中能够被人们快速了解和熟知的一个部分而已。正因为如此，人们往往通过农产品区域品牌的社会价值来对农产品区域品牌进行综合评价。而农产品区域品牌的社会价值通常由富民效应、地方形象和区域发展三个方面来体现（见图4-3）。

　　农产品区域品牌的社会价值越显著说明其不仅能够很好地融入当地的经济发展当中，使当地人因使用该品牌而致富，同时也能够在一定程度上推动当地的经济发展，并且通过农产品区域品牌的健康发展体现出其所在地域良好的地方形象。显然，农产品区域品牌的社会价值已成为影响农产品区域品牌持续发展及其竞争力强弱的因素之一。

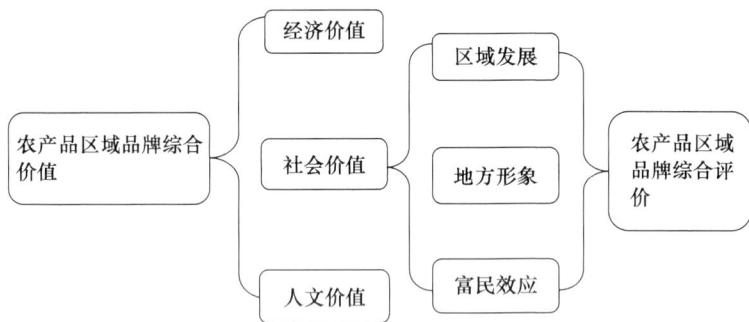

图4-3　农产品区域品牌综合价值的构成

### 4.1.2　品牌因素解析

（1）品牌创新能力。

　　产品在市场上的表现将决定品牌竞争力的高低，而产品持久竞争优势的保持则在于产品生产者的技术创新能力。对于农产品区域品牌而言，其生产主体是企业，因此企业自身的自主创新能力理所当然地成为农产品区域品牌竞争力的根源之一。企业拥有持续的技术创新能力，不仅可以保持较高的品牌竞争力，同时对于其自身的发展也具有十分重要的意义。美国管理学家罗伯特·J. 托马斯认为，企业借助于技术创新能力不断开发新产品，具有加强企业战略方向，提高企业整体形象，为企业获得更多收益，利用企业的生产、经验资源以及为企业赢得竞争优势等重要的战略意义。

具体到农产品区域品牌，农产品加工企业通过技术创新可以培育出更为优良的新品种，对企业生产加工工艺的创新则可以在保持农产品原有特质的基础上，使区域品牌农产品的生产融入更多的现代元素；也可以使产品的某些特质发生改变，或将原本不利的一些因素转变为有利的因素，从而改变农产品的食用方式、口感、风味、营养成分等。而企业通过技术创新可以创造出新的市场需求、新的市场购买力、新的消费方式、新的消费观念乃至消费文化。由此可见，农产品加工企业所具有的持续创新能力在为农产品区域品牌赢得更大的市场份额积蓄力量的同时，也使该农产品区域品牌与竞争对手的差异越来越显著，进而形成了对本品牌更为有利的竞争优势。而企业同样也可以将不断推出新品牌作为在竞争环境中建立起竞争优势的一种极为重要的手段。

（2）品牌定位。

对于品牌营销而言，品牌定位是第一步，也是品牌后续建设的基础，更是品牌成功经营的必要条件。通过品牌定位可以将产品转化为品牌，并以一种一成不变的方式把品牌产品的功能与消费者的心理需求相衔接。只有将品牌定位的信息以这种方式准确地传递给消费者，才能使潜在的消费者对品牌产品有较为正确的认识。

农产品区域品牌不仅是产品质量的保证，而且是农产品来自特定地域的标志，这恰恰迎合了当今人们追求"绿色、营养、健康、安全"的食品消费观念。农产品区域品牌的品牌定位就是要将农产品的独特品质与功能和这一品牌所对应的目标消费者群建立起一种内在的联系，使目标消费者能够准确地获知区域品牌农产品的重要信息，并认同农产品区域品牌，促成消费者对该品牌农产品购买行为的发生，最终实现农产品销售，并占领同类产品的市场。由此，品牌定位的成功与否将直接影响到农产品区域品牌在参与市场竞争时的表现。

（3）品牌的质量及价格。

产品质量是品牌生存的根本，是品牌所能够体现出的且能为消费者所感知到的质量。除此之外，品牌质量还隐含着另外一层更为深刻的内涵即品牌本身的质量。换言之，品牌质量是由产品质量和品牌本身质量组合而成的。因此，品牌质量的内涵比产品质量更具意义，它是对品牌产品质量的升华。产品质量和品牌本身质量是品牌质量不可分割的两个方面，必须进行有机的结合，并且这两者结合得如何，将会直接影响到品牌质量的高低。

在市场经济条件下，价格始终是消费者选择某一品牌产品的重要影响因素。在品牌产品的销售过程中价格成为影响其销售数量进而影响其市场占有率的重要因素。在现实生活中所存在的大量事实证明产品销售数量和其价格之间往往呈现出此消彼长的关系即负相关关系。这些普遍存在的事实恰恰成为价格对农产品区域品牌竞争力影响的最好佐证。因此，在同一市场上不同品牌农产品售价的高低，就成为了农产品区域品牌竞争优势得以形成的一个重要来源。

"物美价廉"一直以来都是消费者在进行商品购买时最佳的心理预期。消费者在购买作为生活必需品的农产品时更是希望如此。因此，品牌产品的质量和价格便作为消费者最终购买产品的重要决策参考。在"舌尖上的安全"倍受关注的今天，消费者更为注重农产品的质量，并且也愿意为高质量的农产品支付较高的价格。但在农产品质量等级相同的前提下，价格优势的存在将会扩大市场对区域品牌农产品的需求，增加消费客源，扩大农产品区域品牌的市场份额。

（4）品牌知名度与美誉度。

品牌知名度是潜在购买者认识到或记起某一品牌是某类产品的能力，而品牌美誉度是市场中人们对某一品牌的好感和信任程度。因此，品牌知名度和美誉度将决定该品牌被顾客群接纳和信赖的程度。品牌知名度的扩大可以通过多种方式来实现，如媒体宣传等，但是品牌美誉度的塑造则有一定的难度。通常消费者会将自己对该品牌亲身的使用经验与其所能够接触到的与品牌相关的多种信息融合在一起，而后形成其对该品牌价值的认定程度。因此，品牌美誉度是消费者自身的心理感受的体现，是决定消费者是否能够成为该品牌忠诚消费者的重要决定因素。所以，品牌美誉度是无法依靠广告宣传来赢得的。就农产品区域品牌来看，由于农产品质量的隐蔽性这一特征，导致其知名度与美誉度的形成较为困难，尤其是当消费者对农产品质量更加敏感时。但是一旦农产品区域品牌具有了一定的知名度和美誉度之后，将对农产品区域品牌的发展产生巨大和无形的推动力量。品牌知名度和美誉度的提高，意味着消费者对其所选购的区域品牌农产品的接受和认可，而这种认可是以消费者的亲身体验为基础建立起来的，消费者的口碑相传与广告相比则是一种更优的宣传方式。"金杯银杯不如老百姓的口碑"正是对这一现象的真实写照。而在众多消费者口碑相传下形成的农产品区域品牌知名度与美誉度则会更有说服力且更持久。自然，具有较高知名度与美誉度的农产品区域品牌与同类产品的其他品牌相比则更易于显现其自身具有的竞争优势。

### 4.1.3　产业因素解析

（1）农业产业集群发展速度。

产业集群是一种世界性的经济现象，它是大量的相关企业按照一定的经济联系集中在特定的地域范围，形成一个类似生物有机体系统的群落。集群从出现到最终形成往往需要经历一个逐步渐进的漫长过程，并在这一过程中形成以集聚经济、灵活专业化、创新环境、合作竞争和路径依赖等为基础的产业集群竞争优势，而这一竞争优势的形成与保持可以使得产业和参与其中的企业能够具有较强的竞争力，这也是产业集群引起人们高度关注的重要原因。而作为以农业为主导产业的农业产业集群同样也拥有产业集群的上述特性。首先，由于外部性的存在，农业产业集群的形成可以降低农产品生产和交易成本，从而提高以某一地域为基础的农产品加工企业的生产率。农业产业集群的形成还可以减少企业获取资源和转换资源的障碍，能够以较低的转换成本获取诸多方面的集群效能，有助于促进"集体效率"。这一点对于中国农业企业而言至关重要，由于农业是弱质产业，产品附加值不高，因此农业企业在寻求自身改变的过程中会付出极大的代价。这也是农产品精深加工程度低、产业链条无法延伸的主要原因。而农业产业集群的形成则可以有效地降低这种成本，促成农业企业加快自身的转变。其次，农业产业集群能够为企业培育一种良好的创新环境，使企业能够借助集群内知识和技术的转移扩散，降低企业创新的成本。最后，由于农业产业集群拥有良好的创新氛围、激烈的竞争环境以及相对完善的地方配套体系，不仅使产业集群能够吸引更多新企业的加入，同时有利于集群内现有企业自身的成长和规模的扩张。而集群内激烈的竞争环境对各相关产业竞争力会产生"波及效应"，使各产业的竞争力同样得以提升。

由此，农业产业集群一旦形成并走向成熟后，其所形成的竞争优势是非集群和集群外企业所无法比拟的。而这一竞争优势对农产品区域品牌市场份额的提高、品牌效应的形成毫无疑问都会产生不可低估的作用。而国内外农业产业集群的实践表明，农业产业集群是农产品区域品牌的最佳载体，究其原因在于，区域内特有的农牧业资源优势是农业产业集群形成与发展的坚实基础。这预示着农业产业集群所表现出的地理集中性已经包含农产品区域品牌的内涵和形成要素，在此前提下区域内具有发展潜质的准农产品区域品牌就会以此为契机得以成长。作为区域内各经济主体共同享有的无形资产，农产品区域品牌自身的发展及其价值的实现必须以有形资产为依托。另外，农业产业集群的不断发展壮大对农产品区域品牌的资产价值提升又将发挥重要的作用，品牌资产价值的提升会直接体现为品牌市场竞争能力的增强。因此，农业产业集群对农产品区域品牌竞争力的提升必将产生至关重要的影响。

（2）农业产业化龙头企业。

农产品区域品牌的创建与发展是多元主体共同参与的过程，这其中自然也离不开农业产业化龙头企业的积极参与。在农产品区域品牌的创建阶段是以政府和行业协会为主导，但农产品区域品牌的发展则是以企业尤其是农产品加工龙头企业为主体。农业产业化龙头企业可以充分合理利用资本、技术、人才等生产要素，在自身不断发展壮大的基础上，通过生产基地建设带动农户进行农业现代化生产。因此，龙头企业成为农业产业化的重要推动力量，是农业产业化经营的关键主体。由于龙头企业对农业产业化发展所产生的重要作用，加之其自身经济实力的不断增强，其自然也就会为农产品区域品牌的持续发展提供不竭的动力。

首先，龙头企业不仅拥有较大的生产规模和较强的经济实力，而且还是农业科技进步的重要承担者。据不完全统计，全国建立省级以上科技研发中心的龙头企业已达3000余家，有90%的国家级重点龙头企业建立了研发机构，60%以上的企业都有省级以上的科技成果奖并获得相应的科技奖励。省级以上龙头企业所拥有的从事农业科技研发与推广的技术人员达38.5万人，占全国的1/3左右。龙头企业所具有的这一科研优势为区域品牌农产品生产加工工艺的改良、农产品科技含量的提高进而增加区域品牌农产品的附加值奠定了良好的基础。其次，龙头企业一般都拥有专业的品牌营销团队及丰富的品牌营销经验，同时也会拥有有效的市场流通渠道。借助于此，不仅可以对农产品区域品牌进行精准的市场定位，制定全方位的营销策略，对农产品区域品牌进行有效的宣传推广；同时可以拓宽农产品区域品牌的销售范围，占领更多的市场份额。除此之外，龙头企业在农产品区域品牌产品质量的稳定及提高、降低品牌产品交易成本、品牌的管理与维护等方面均可发挥重要的作用。

综上不难看出，在农产品区域品牌的发展过程中，龙头企业发挥着不可替代的作用。而上述作用的发挥则从总体上增强了农产品区域品牌本身的综合实力，为农产品区域品牌竞争力水平的不断提升夯实了基础。

（3）配套型中小企业。

在农业产业化体系中除龙头企业这一重要的经济单元之外还有很多为龙头企业的发展提供产前、产中和产后服务的配套型中小企业。虽然这些中小企业在农业产业化体系中处于次要地位，但它们却是农业产业化龙头企业发展不可缺少的"助手"。一般来说，配套型中小企业总是围绕龙头企业进行生产布局，为龙头企业的生产和发展提供各种所需的服务，目的是确保龙头企业的顺利发展。因此，这些中小企业发展的状况如何就会直接影响到龙头企业能否实现快速发展。通常情况下，配套型中小企业的发展速度应该与龙头企业的发展速度及规模相适应或者是超前于龙头企业的发展，只有这样，这些与龙头企业发展密切相关的中小企业才能更好地为龙头企业提供服务，以保障龙头企业的快速发展，进而通过作用于龙头企业对农产品区域品牌的发展及其竞争力的提升产生一定的影响（见图4-4）。

（4）农业产业化的水平。

农业产业化是加速农业现代化的有效途径，它的实质是对传统农业技术进行改造，推动农业科技水平不断进步的过程。农业产业化始于20世纪80年代，自产生后便得到了迅猛的发展。实践证明，农业产业化能够较好地使分散经营的农户和小作坊等小规模生产者与国内外的大市场进行有效的对接，在农业经济效益的提高、农业经营规模的扩大、农业组织化程度的加深及农民增收等方面均起到了十分突出的作用。这也表明，农业产业化具有旺盛的生命力，同时其也具有较为广泛的适应性，而这些都是其他形式的农业经营组织方式所无法比拟的。

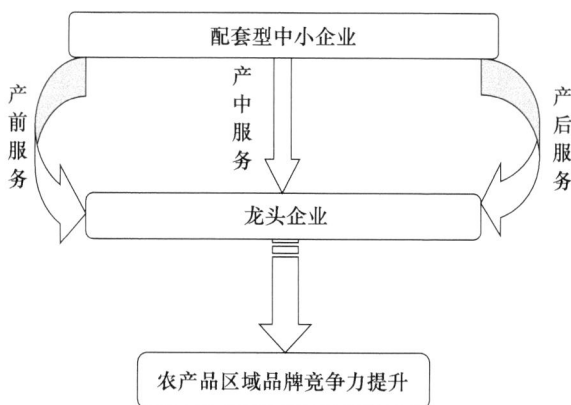

图 4 - 4　配套型中小企业与农产品区域品牌竞争力

农产品区域品牌的创建与农业产业化的实施和发展这两者之间是相辅相成、互相关联的。一般来说，农产品区域品牌包括两种类型：第一种是来自本地区的种植、养殖产品。这类产品大多是依赖地域独特的自然地理环境条件以及丰富的农牧业资源加之悠久的种植、养殖方式孕育而成的。第二种是全部使用或者部分使用本地区的原材料，并按照本地区独有的加工工艺生产和加工完成的产品。这类农产品的生产既存在着一定的工厂化生产模式，同时也存在着大量家庭作坊式的生产。由于家庭作坊式的生产方式无论是在生产规模还是在产品质量上都难以得到保值，因此，这样的一种生产格局对农产品区域品牌的竞争力会产生一定不利的影响。农业产业化的发展则可以解决上述问题，为农产品区域品牌竞争力的提升做出贡献。

区域品牌农产品的生产大多集中在某一特定的区域范围内，因此相对集中连片，从而易于形成比较稳定的区域化生产基地，同时又可以防止生产过于分散所造成的管理不便、供应量不稳定等现象的发生，而这也为农业产业化的发展提供了良好的基础条件。农业产业化的发展是以生产经营规模化为必要条件的。只有区域品牌农产品的生产基地和加工企业达到相当的规模，才能达到产业化的标准。换言之，农业产业化只有具备了一定的规模才能增强农产品区域品牌的辐射力、带动力和竞争力。而农业产业化的实施也可以使以传统工艺历史为基础形成的农产品区域品牌融入现代化的生产工艺，提高区域品牌农产品的科技含量，扩大农产品的生产规模，降低农产品的生产成本，使其以较低的价格进入并迅速占领市场，从而使区域品牌农产品凭借价格优势提高自身的竞争力。因此，农业产业化发展的水平越高，其产品的生产规模就会越大，规模经济效益也会不断凸显，农产品区域品牌的竞争力也会因此不断地提升。

### 4.1.4　支持因素解析

（1）农产品质量安全体系。

农产品质量安全体系可以为农产品消费安全保驾护航。随着人们生活水平的提高以及消费观念的日益更新，农产品质量安全被提到前所未有的高度。食品安全问题已经成为国人茶余饭后主要的谈论话题。因此，建立完善的农产品质量安全监督体系势在必行、刻不容缓。

而农产品区域品牌作为一种"信号显示"的标识，可以将农产品的隐性质量特征传递给消费者，从而使消费者信任该品牌的农产品并愿意为其支付一定的价格。正因为如此，农产品的质量可以说是农产品区域品牌的"命脉"，而要保护好这一"命脉"，农产品质量安全体系的建立与完善是十分必要的举措之一。

农产品质量安全体系不仅是农产品具有可靠稳定品质的保证，同时建立农产品质量标准，一方面为农业生产者提供产品质量控制的参照体系，使农产品的生产有标准可依；另一方面也可以节约市场主体之间在交易发生之前就农产品质量信息所进行的沟通，以及在发生农产品质量责任事故之后用来处理各方面关系的交易费用。

（2）信贷环境。

资本是参与市场经济的每一个经济主体都必需的生产要素，对于农产品区域品牌而言，资本是通过作用于参与农产品区域品牌创建与发展的多元主体而间接对农产品区域品牌竞争力发挥作用的。例如，农业企业生产活动的正常进行、研发活动的开展、生产规模的不断扩大等都需要有相应资本的大量投入。而作为非营利性组织机构的农产品行业协会的正常运转及相应活动的展开更是离不开资金的扶持。农业生产者种植、养殖规模的扩大等对资金的需求更为迫切。而上述问题的解决则有赖于区域的信贷环境。区域的信贷环境主要是指区域内金融体系的发展。区域金融体系完善与否将决定区域内从事经济活动的资金是否充足，经济主体的资金需求是否能够得到及时的满足，进而影响各经济主体能否顺利进行经济活动。因此，信贷环境的构建对于农产品区域品牌竞争力的提升而言，是一个十分重要的支持因素。

（3）技术水平。

此处所说的技术水平主要是指从事具体农产品生产的劳动者的技术水平。从农产品区域品牌的内涵来看，农产品所在地域独特的自然地理环境和丰富的农牧业资源是孕育区域品牌农产品的"温床"，但品牌农产品的具体供应则是众多农业劳动者辛勤劳动的结果。所以，农业劳动者本身的技术水平就会对农产品的质量和产量产生一定的影响。一般来讲，掌握一定农业生产技术的农业劳动者能够有效地利用当地的资源优势，进行高效的农业生产，在提高农产品产量的同时也能够确保农产品的品质，进而从源头上控制农产品的质量；反之则既会影响农产品的产量，同时质量也无法得到保障。目前，我国各个省市自治区都在积极推广农业科技示范户、进行农业科学技术的普及与应用，而不同的地区也根据地区实际情况，因地制宜通过农业学校、专业合作社等形式对农民进行生产技术培训，这既是顺应"三品一标"发展的需要，同时也是促进地区农业经济发展、农民增产增收的需要。

（4）农产品行业协会的协调和监管。

在我国农产品区域品牌的发展普遍是以农产品行业协会作为其的管理主体。农产品行业协会是由涉农企事业单位、农民专业合作组织以及专业大户等，以增进成员的共同利益，在自愿基础上依法组织起来的非营利性自治经济类社团组织。与企业相比农产品行业协会对农产品区域品牌的管理更显公平。而事实也证明，农产品行业协会管理农产品区域品牌不仅合乎情理，同时也能有所作为。

品牌的创建、经营和管理是农产品行业协会——农产品区域品牌管理主体的重要工作，主要包括对农产品区域品牌的传播、推广、维护，向符合使用条件的申请人授权使用该区域品牌以及对农产品区域品牌使用人的各种行为，如农产品区域品牌的使用是否规范、能否保证农产品区域品牌的质量，在生产和经营过程中是否存在损害农产品区域品牌形象和声誉的行为等进行监督和检查。同时，行业协会还要担负起农产品生产者与农业企业之间的沟通与协调工作，负责开拓区域品牌农产品的销售渠道，为本行业全体经营者谋求共同利益的职责。因此，行业协会的日常管理和监管力度也会对农产品区域品牌的竞争力产生一定的影响。

## 4.2 农产品区域品牌竞争力的形成机制

农产品区域品牌竞争力的最终形成是多元主体共同努力的结果，因此，必须有相应的机制作为保障，以使多元主体能够最终促成农产品区域品牌竞争力的提升。这些机制包括：竞合机制、监管机制、学习和创新机制以及利益机制。

### 4.2.1　竞合机制

农产品区域品牌竞争力的形成是多元主体共同作用的动态结果。由于农产品区域品牌具有区域公用品牌的属性，因此其使用主体就呈现出多元化的特点。每一类经济主体既是农产品区域品牌的使用者同时也是竞争者。由此，每一类经济主体的行为都会对农产品区域品牌竞争力产生相应的影响。通常情况下，使用农产品区域品牌的经济主体有农产品加工企业、农户和部分农产品经销者，这三类经济主体只有通过充分的竞争与协作，才能在保证自身发展的同时提升农产品区域品牌的竞争力。

作为农产品区域品牌使用者的农产品加工企业、农户和其他品牌使用者由于其自身实力的限制，在农产品区域品牌竞争力的提升过程中必然处于不同的地位，发挥不同的作用。这其中农产品加工龙头企业居于重要的位置，发挥至关重要的作用。因此，要打破垄断，鼓励竞争，要让企业在法律和政策许可的范围内，各显神通，促进龙头企业形成。政府要积极吸收外部优秀企业进入该地域，鼓励企业之间的有序竞争和整合。在地域内部，应积极营造良好的竞争环境，大力扶持创新，鼓励技术创新和品牌经营。在竞争压力下，企业只有时时保持满足和创造顾客需求的动力，才能在竞争中求得生存和发展。与此同时，农产品区域品牌的竞争力也会在企业自身发展的进程中得到不断提升。而中小企业要相互合作、协同研发、共享信息、共担成本，严格遵循统一的产品技术标准和相关规范，自觉杜绝假冒伪劣商品生产经营行为，实施道德营销，共同塑造和维护区域品牌。广大农户和其他品牌使用者则应积极加入区域品牌产业链中，加强协调联动，为农产品区域品牌竞争力的形成贡献力量。

### 4.2.2　监管机制

农产品区域品牌的持续健康发展是其竞争力提升的基础，由于农产品区域品牌的"准公共物品"特性，同时由于农产品区域品牌管理主体的缺失，使得"搭便车"现象屡见不鲜。农产品区域品牌的使用者在自身利益最大化的驱使下，不可避免地出现了一些有损品牌形象和声誉的行为。这些现象的发生不仅严重制约了农产品区域品牌的发展，致使其市场份额日益下降，竞争能力逐渐削弱，同时也会给品牌的使用者造成重大的经济损失，并使其所在地域的良好形象遭到破坏。可以说是"一荣俱荣，一损俱损"，为避免这一情况的发生，来自各类经济主体尤其是政府部门和行业协会的监管势在必行。监管机制就是指在农产品区域品牌的建设及其竞争力提升过程中，作为运作主体的区域政府、农产品加工企业和行业协会，通过相互间的监督与内部管理，对农产品区域品牌的正常运作起到有力的保障作用。区域政府应积极为企业创造公平的竞争环境，引导企业进行良性竞争，并制定相关的法规保障机制，通过法律手段规范和维护农产品区域品牌建设，对有损品牌形象和声誉的违法行为严惩不贷；行业协会则应承担起农产品区域品牌的日常管理和维护工作，对品牌发展及其建设进行有效的监督和管理，辅助政府部门对违法违规行为进行查处，杜绝不利于品牌建设及其竞争力提升的种种不良行为的发生，夯实农产品区域品牌发展的基础。

### 4.2.3 学习和创新机制

农产品区域品牌竞争力来源于农产品区域品牌的竞争优势尤其是该品牌的持久竞争优势。而农产品区域品牌的竞争优势从本质上说就是农产品区域品牌与同类产品的不同品牌相比能够为消费者提供更多、更好的服务，同时使消费者在消费产品的同时也能够体验和感受到品牌所蕴含的独特文化。对于农产品区域品牌而言其竞争优势得以持续的时间同样是与竞争对手的模仿、学习和超越能力是密不可分的。因为随着时间的推移农产品区域品牌的竞争优势会存在从形成、维持到侵蚀的周期过程。而且，这种周期会随着市场竞争的愈演愈烈而逐渐缩短，农产品区域品牌所具有的竞争优势也会以日益加快的速度被创造出来又被侵蚀掉。因此，农产品区域品牌需要不断通过适宜的方式创造新的竞争优势，并通过新的竞争优势的不断形成，保证在现有的竞争优势被侵蚀之前产生新的支撑农产品区域品牌经济盈利性的竞争优势，从而才能长期保持持久存在的竞争优势。由此，学习和创新就成为农产品区域品牌竞争力提升不可或缺的重要机制。通过学习和创新可以增强企业的自主创新能力，不断推进原始创新和集成创新，不断推动强势品牌的形成和发展，增强农产品区域品牌的创新力，进而提升其竞争力（见图4-5、图4-6）。

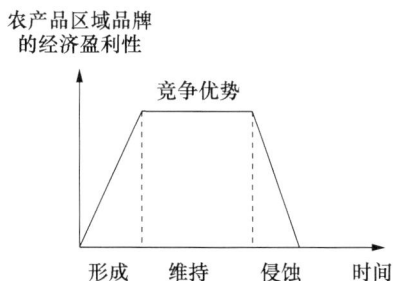

图4-5　农产品区域品牌的竞争优势

农产品区域品牌
的经济盈利性

学习和创新机制 ——→ 持久的竞争优势

优势1　　优势2　　优势3　　优势4……

时间

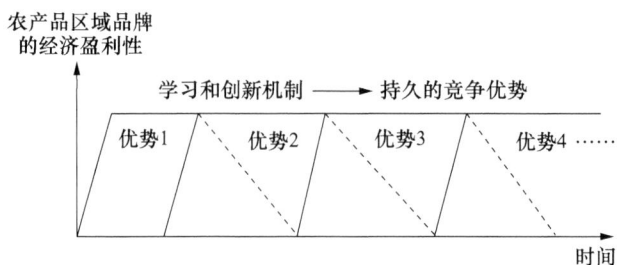

**图4-6　学习和创新机制与农产品区域品牌的持久竞争优势**

资料来源：以上两个图由金碚. 竞争力经济学［M］. 广州：广东经济出版社，2003 演化而成。

### 4.2.4　利益机制

　　农产品区域品牌竞争力既代表了品牌使用主体在参与市场竞争时的经济利益，又代表了地区各方公共利益。各自经济利益的最大化以及区域的共同利益对农产品区域品牌竞争力的提升产生了客观的驱动力，也成为农产品区域品牌竞争力的主要源泉。

　　由于参与农产品区域品牌竞争力建设的各方主体，其自身所处的地位和发展规模、未来愿景的不同，使其利益的驱动表现也有所差异。而农产品区域品牌竞争力的提升最终将归结为各类经济主体对各自经济利益或者公共利益的追求过程。区域政府在农产品区域品牌竞争力提升中的利益诉求是发展区域经济，彰显政府的组织管理能力，增强富民效应以及树立区域形象，从而使区域发展质量得以提升。因此，区域政府会从区域经济和社会长远发展的角度大力支持品牌的发展和建设，助力品牌竞争力的提升。涉农企业、农户以及其他品牌经销者的利益则与农产品区域品牌的市场效益密切相关，他们更为关注的是农产品区域品牌发展带来的市场规模和利润。因此，他们对区域品牌农产品的创新能力、市场营销、品牌的传播、生产加工技术的进步等问题更加关注，希望借此增加品牌的资产价值提升其竞争力。其他经济主体如农产品行业协会、中介机构、农业科研院所等在农产品区域品牌竞争力提升中主要充当着辅助的角色，通过提供各种服务和咨询，发挥桥梁和纽带的作用，其在农产品区域品牌竞争力提升中的利益追求就是为品牌的持续、健康、良性发展提供支撑。

# 4.3　本章小结

　　本章从农产品区域品牌发展的区域因素、品牌因素、产业因素及支持因素等方面分析了影响农产品区域竞争力提升的具体因素，其中区域因素中分析了区域资源基础、区域组织管理能力、区域农业生态环境和农产品区域品牌的社会价值等对农产品区域品牌竞争力的影响；在品牌因素中分析了品牌创新能力、品牌定位、品牌的质量及价格和品牌知名度与美誉度等对农产品区域品牌竞争力的影响；在产业因素中分析了农业产业集群发展速度、农业产业化龙头企业、配套型中小企业和农业产业化水平等方面会对农产品区域品牌竞争力产生的作用；在支持因素中分析了农产品质量安全体系、信贷环境、技术水平与农产品行业协会的协调和监管等对农产品区域品牌竞争力的影响。而后对农产品区域品牌竞争力得以形成的机制进行了分析，并明确指出竞合机制、监管机制、学习和创新机制以及利益机制是农产品区域品牌竞争力形成的必要保障机制。

# 5

## 农产品区域品牌竞争力评价
## 指标体系构建及综合测度

本章目的在于对内蒙古农产品区域品牌竞争力现状进行实证考察与客观判断。主要内容包括评价指标体系的设计、评价模型的构建，对内蒙古农产品区域品牌竞争力进行综合测度，并对评价结果进行分析，最后说明内蒙古农产品区域品牌竞争力提升中的劣势所在及对其竞争力提升所产生的重要影响因素。

## 5.1 农产品区域品牌竞争力评价指标体系构建

### 5.1.1 评价指标选择需遵循的基本原则

评价指标选择的原则主要有系统性、科学性和可行性相结合、重点和准确相结合等原则。

（1）系统性原则。由于影响农产品区域品牌竞争力的因素较多而且不仅每个因素可以单独对其产生影响，若干因素的组合同样会对其发生作用。因此，农产品区域品牌竞争力的测度需运用系统的思维进行设计和评价。农产品区域品牌竞争力评价是一个复杂的系统工程，评价体系的设计应当包含影响系统各个方面的因素，从多角度、全方位进行考察，以使综合评价较为全面地反映农产品区域品牌竞争力的真实情况。

（2）科学性和可行性相结合原则。农产品区域品牌竞争力评价指标的选择对不同地域农产品区域品牌竞争力的现状与差异应能够进行科学而客观的反映，从把握问题全局的角度出发抓住矛盾的主要方面，评价指标体系设计不宜过于复杂。评价要具有可操作性，需充分考虑评价资料、数据的可获得性与收集难度，所选指标要有统一测算和量化的办法。

（3）重点和准确相结合原则。农产品区域品牌竞争力评价可选指标众多，在确定指标体系构成时既要考虑评价的准确性同时也应该使关键因素的作用得以体现。因此，构建农产品区域品牌竞争力评价指标体系时，指标的选择必须反映出竞争力的主要方面及本质特征，力争突出主要影响因素，用尽可能少且又准确的指标把希望评价的内容表达出来，使评价结果具有更好的解释力和说服力。

### 5.1.2 评价指标体系的设计及构建

本书第 4 章从区域因素、品牌因素、产业因素和支持因素 4 个方面共 16 个具体要素对农产品区域品牌竞争力的影响因素进行了解析，这些静态要素从不同侧面反映了农产品区域品牌竞争力动态提升的结果。因此，本章的分析评价将以上这些静态要素作为评价指标，并构建出本章进行农产品区域品牌竞争力评价的指标体系。通过对这些静态要素指标的分析判断，可以追溯动态提升问题的不足之处，有利于问题的分析和对策的提出。

由于目前国内各省市均缺乏关于农产品区域品牌相关要素的具体统计数据，因此，本书所选取的评价指标均为既具有代表性又具有可操作性的定性指标。由于定性指标较难获得具体指标数据，所以本书采用专家打分和问卷调查相结合的方法来确定。依据评价的主要目的可以对农产品区域品牌竞争力评价要素进行层次划分，并以此为基础建立农产品区域品牌竞争力评价体系（见表 5-1），并对相关指标的含义与测试方法进行了界定（见表 5-2）。将这些指标进行模型分析后，可以根据评价结果，对某一区域农产品区域品牌竞争力总体情况进行综合评价。

**表 5-1 农产品区域品牌竞争力评价指标体系**

| 目标层（A） | 主准则层（B） | 子准则层（C） |
|---|---|---|
| 农产品区域品牌竞争力评价（X） | 区域要素（$X_1$） | 区域资源基础（$X_{11}$） |
| | | 区域组织管理能力（$X_{12}$） |
| | | 区域农业生态环境（$X_{13}$） |
| | | 农产品区域品牌的社会价值（$X_{14}$） |
| | 品牌要素（$X_2$） | 品牌创新能力（$X_{21}$） |
| | | 品牌定位（$X_{22}$） |
| | | 品牌价格及质量（$X_{23}$） |
| | | 品牌知名度与美誉度（$X_{24}$） |

续表

| 目标层（A） | 主准则层（B） | 子准则层（C） |
|---|---|---|
| 农产品区域品牌竞争力评价（X） | 产业要素（$X_3$） | 农业产业集群发展速度（$X_{31}$） |
| | | 农业产业化龙头企业（$X_{32}$） |
| | | 配套型中小企业的发展（$X_{33}$） |
| | | 农业产业化水平（$X_{34}$） |
| | 支持要素（$X_4$） | 农产品质量安全体系（$X_{41}$） |
| | | 信贷环境（$X_{42}$） |
| | | 技术状况（$X_{43}$） |
| | | 行业协会的协调和监管（$X_{44}$） |

表 5 – 1 中，主准则层 B 为基本因素层，也称为一级指标；子准则层 C 为具体因素层，也称为二级指标。它们的关系为 X ＝（$X_1$，$X_2$，$X_3$，$X_4$），其中，$X_1$ ＝（$X_{11}$，$X_{12}$，$X_{13}$，$X_{14}$），$X_2$ ＝（$X_{21}$，$X_{22}$，$X_{23}$，$X_{24}$），$X_3$ ＝（$X_{31}$，$X_{32}$，$X_{33}$，$X_{34}$），$X_4$ ＝（$X_{41}$，$X_{42}$，$X_{43}$，$X_{44}$）。

**表 5 – 2　农产品区域品牌竞争力评价指标含义与测试方法**

| 指标名称 | 含义 | 测试方法 |
|---|---|---|
| 区域资源基础 | 区域内拥有的自然资源、人文历史资源及特色农业资源的情况 | 问卷调查（较好、好、一般、差、较差） |
| 区域组织管理能力 | 区域政府部门的市场监管力度及相关制度建设情况 | 问卷调查（较好、好、一般、差、较差） |
| 区域农业生态环境 | 区域农业生态环境的污染程度 | 问卷调查（非常严重、严重、一般、轻、较轻） |
| 农产品区域品牌的社会价值 | 农产品区域品牌在当地显现出的增收效应、对地方形象的树立及在区域经济发展中发挥的作用 | 问卷调查（非常突出、突出、一般、有限、非常有限） |
| 品牌创新能力 | 品牌在技术创新方面的表现 | 问卷调查（较强、强、一般、弱、较弱） |
| 品牌定位 | 品牌针对的消费群体和目标市场的确定 | 问卷调查（非常明确、明确、一般、不明确、非常不明确） |
| 品牌的质量及价格 | 品牌农产品的质量好坏及价格高低，侧重于农产品的质量 | 问卷调查（较好、好、一般、差、较差） |

续表

| 指标名称 | 含义 | 测试方法 |
| --- | --- | --- |
| 品牌的知名度和美誉度 | 农产品区域品牌与同类产品品牌相比在知名度与美誉度方面的表现 | 问卷调查（较高、高、一般、低、较低） |
| 农业产业集群发展速度 | 农畜产品加工产业集群的发展状况 | 问卷调查（较快、快、一般、慢、较慢） |
| 农业产业化龙头企业 | 农畜产品加工产业龙头企业的发展状况 | 问卷调查（较快、快、一般、慢、较慢） |
| 配套型中小企业的发展 | 与农畜产品加工龙头企业生产相配套的中小企业的发展状况 | 问卷调查（较快、快、一般、慢、较慢） |
| 农业产业化水平 | 目前区域农业产业化所处的水平 | 问卷调查（较高、高、一般、低、较低） |
| 农产品质量安全体系 | 农产品质量安全体系是否健全 | 问卷调查（较健全、健全、一般、不健全、很不健全） |
| 信贷环境 | 生产企业（生产者）所需资金是否有保障 | 问卷调查（保障度较高、保障度高、一般、保障度低、保障度较低） |
| 技术状况 | 生产者的技术水平 | 问卷调查（较高、高、一般、低、较低） |
| 行业协会的协调与监管 | 农产品行业协会对品牌的日常管理和监督力度 | 问卷调查（较强、强、一般、弱、较弱） |

# 5.2　农产品区域品牌竞争力模糊综合评价模型的构建

　　从上述构建的农产品区域品牌竞争力评价指标体系可以看出，进行农产品区域品牌竞争力评价所采用的指标均为定性指标，因此，这些指标具有明显的不确定性，同时这些指标也显示出层次性的特征。为了让这些无法准确界定的模糊因素能够更加真实地反映客观情况，这里采用模糊数学的方法对上述定性指标进行量化，并赋予各因素以适当的权重，从而使这些指标能够尽可能将客观事物因素间具有的层次和模糊关系反映出来。

### 5.2.1　因素集的确定

集合是现代数学的一个基础概念，一些不同对象的全体称为集合，简称为集，常用大写英文字母 $A$、$B$、$C$、$D$ 等表示，集合内的每个对象称为集合的元素，常用小写英文字母 $a$、$b$、$c$、$d$ 等表示。"$a$ 属于 $A$" 记为 $a \in A$，"$a$ 不属于 $A$" 记为 $a \notin A$。

现假定本项研究中所有影响评价目标的因素所组成的集合为 $X$，则本项研究中因素集 $X$ 的确定就是将因素集 $X$ 作一种划分，即把 $X$ 分为几个因子集 $X_1$，$X_2$，…，$X_n$，并且必须满足：$X = X_1 \cup X_2 \cup \cdots \cup X_n$。同时，对于任意的 $i \neq j$，$i$，$j = 1$，$2$，…，$n$，均有 $X_i \cap X_j = \Phi_n$，即对因素集 $X$ 的划分要把因素集的诸评价指标分完，而任一评价指标又应只在一个子因素集 $X_i$ 中。再以 $X_i$ 表示的第 $i$ 个子因素指标集又有 $K_i$ 个评价指标，即 $X_i = \{X_{i1}$，$X_{i2}$，…，$X_{iki}\}$，$i = 1$，$2$，…，$n$。这样，由于每个 $X_i$ 含有 $K_i$ 个评价指标，于是总因素指标集 $X$ 共有 $\sum_{i=1}^{n} K_i$ 个评价指标。

### 5.2.2　评价指标权重集的确定

模糊综合评价法的重要环节之一就是确定各指标的权重。为了能够最大限度地消除主观因素对评价结果带来的影响，本书采用层次分析法（AHP）为主，专家问卷访谈法为辅的方式来确定一级指标和二级指标的权重。由于层次分析法也具有一定的主观性，因此，本书在使用该方法时，对所收集到的专家问卷进行了相应的数学处理，并通过统计分析方法对处理后的结果进行了进一步的检验，以使各级指标权重的确定更加客观、合理，也能够与实际情况相吻合。

### 5.2.3　评价集的建立

评价集是模糊综合评价模型中的一个组成部分，由于各种因素所处的地位不同，作用也不一样，当然权重也不同，因而评判也就不同。所以需要根据实际问题由人们主观进行规定。评价集通常表示为：$V = \{v_1$，$v_2$，…，$v_m\}$，其中，$V$ 为多种决断构成的集合，称为评判集或评语集。$V$ 为有限论域，评语的个数 $m$ 需要根据具体的问题由研究者及决策者经过讨论后来确定，因此，$m$ 个评语也并非绝对肯定或否定。

### 5.2.4　模糊综合评价模型的构建

在确定了因素集、权重集和评价集的基础上，构建模糊变换，从而建立起模糊综合评价模型。将因素集设为 $X = \{X_1$，$X_2$，…，$X_n\}$ 按某种属性分成 $S$ 个子

因素集 $X_1$，$X_2$，$\cdots$，$X_s$，其中 $X_i = \{x_{i1}, x_{i2}, \cdots, x_{im}\}$，$i = 1, 2, \cdots, s$ 且满足 $n_1 + n_2 + \cdots + n_i = n$；$X_1 \cup X_2 \cup \cdots \cup X_s = X_s$；对任意的 $i \neq j$，$X_j \cap X_i = \Phi$，对于每一个子因素集 $X_s$ 分别做出综合评判，设 $V = \{v_1, v_2, \cdots, v_m\}$ 为评语集，$X_s$ 中各因素相对于 $V$ 的权重分配是 $A = (a_{i1}, a_{i2}, \cdots, a_{im})$，若 $R_i$ 为单因素评判矩阵，则得到一级评判向量 $B_i = A_i \times R_i = (b_{i1}, b_{i2}, \cdots, b_{im})$，$i = 1, 2, \cdots, s$，将每个 $X_s$ 看作一个因素，记 $K = \{X_1, X_2, \cdots, X_s\}$，这样，$K$ 又是一个因素集，$K$ 的单因素评判矩阵为：

$$R = \begin{bmatrix} B_1 \\ B_2 \\ \vdots \\ B_s \end{bmatrix} = \begin{bmatrix} b_{11} & b_{12} & \cdots & b_{1m} \\ b_{21} & b_{22} & \cdots & b_{2m} \\ \vdots & \vdots & & \vdots \\ b_{s1} & b_{s2} & \cdots & b_{sm} \end{bmatrix}$$

每个 $X_s$ 作为 $X$ 的一部分，反映了 $X$ 的某种属性，可以按它们的重要性给出权重分配 $A = (a_1, a_2, \cdots, a_m)$，于是得到二级评判向量 $B = A \cdot R = (b_1, b_2, \cdots, b_m)$。

## 5.3 内蒙古农产品区域品牌竞争力的综合测度

前文已经构建出进行农产品区域品牌竞争力综合测度的计量经济模型，在下文中将运用这一模型对内蒙古目前农产品区域品牌竞争力的综合水平进行相应的度量。

### 5.3.1 评价模型的建立

（1）确定因素集。

本书对内蒙古农产品区域品牌竞争力的测度采用前文提到的指标体系，即将模型的因素集确定为：

一级指标集包括 4 个因素：

$X = \{X_1$：区域要素，$X_2$：品牌要素，$X_3$：产业要素，$X_4$：支持要素$\}$

二级指标集包括 16 个因素：

$X_1 = \{X_{11}$：区域资源基础，$X_{12}$：区域组织管理能力，$X_{13}$：区域农业生态环境，$X_{14}$：农产品区域品牌的社会价值$\}$

$X_2 = \{X_{21}$：品牌创新能力，$X_{22}$：品牌定位，$X_{23}$：品牌价格及质量，$X_{24}$：品牌知名度与美誉度$\}$

$X_3 = \{X_{31}$：农业产业集群发展速度，$X_{32}$：农业产业化龙头企业，$X_{33}$：配套型中小企业的发展，$X_{34}$：农业产业化水平$\}$

$X_4 = \{X_{41}$：农产品质量安全体系，$X_{42}$：信贷环境，$X_{43}$：技术状况，$X_{44}$：行业协会的协调和监管$\}$

本书所需的数据资料采用问卷调查和专家访谈的方法获得，调查的对象以企业员工、高等院校进行相关领域研究的教师、从事这一领域研究的政府部门工作人员以及科研院所的专家为主体。具体来说，在内蒙古农产品区域品牌竞争力资料的获得过程中，专家问卷的调查对象来自内蒙古农业大学、内蒙古师范大学、内蒙古大学、内蒙古财经大学、内蒙古发展研究中心和内蒙古社会科学院等高校和科研机构从事这一领域研究的专家学者，其中也不乏从事品牌营销的专家。从职称结构上看专家问卷调查对象中教授（研究员）占 38.4%、副教授（副研究员）占 87.7%，其余职称占 3.9%。而一般问卷的调查对象则是以企业、政府工作人员、高校相关领域教师为主体，同时也包括社会各种职业的一般人员。从学历结构看本科、硕士研究生占绝大部分。主要通过邮寄纸质信件、发送电子邮件和面对面访谈等方式进行问卷的填写。对收回的问卷进行甄别整理后，运用SPSS19.0 统计分析软件对问卷的信度和效度进行了分析。

第一，信度分析。

信度指标是对信度的一种定量化的描述方式，信度指标的量化值称为信度系数。信度系数越大，表明测量的可信程度越大。不同研究者对信度系数的界限值有不同的看法，一般认为，0.60 ~ 0.65 为不可信；0.65 ~ 0.70 为最小可接受值；0.70 ~ 0.80 为相当好；0.80 ~ 0.90 为非常好。为了进一步检验调查问卷的有效性和可靠性，运用 SPSS19.0 统计分析软件对问卷进行信度分析。本书采用 Cronbach's（克朗巴哈）$\alpha$ 系数对问卷的内部一致性进行检测，检测结果见表 5 - 3。

表 5 - 3　可靠性统计量

| Cronbach's $\alpha$ | 基于标准化项的 Cronbachs $\alpha$ | 项数 |
| --- | --- | --- |
| 0.821 | 0.820 | 16 |

资料来源：根据调查问卷统计结果整理。

从表 5 - 3 可以看出，本问卷的克朗巴哈 $\alpha$ 系数为 0.821，介于 0.80 ~ 0.90之间，在可接受的范围内，说明问卷具有相当好的有效性和可靠性。因此，本调查问卷从总体上看内在信度是比较符合研究要求的。

第二，效度分析。

效度分析反映的是量表的有效性。可以从表面有效性、内容有效性、架构有效性和收敛有效性等几个方面对效度进行检验。其中表面有效性和内容有效性都属于专家评价的主观性指标，架构有效性及收敛有效性等则可以通过统计工具加以检验。可以利用因子分析对量表的构建效度进行验证。将回收问卷数据进行整理后，利用因子分析可以得出 KMO 和 Bartlett 检验结果，见表 5-4。

表 5-4   KMO 和 Bartlett 检验

| 取样足够度 Kaiser – Meyer – Olkin 度量 | | 0.802 |
|---|---|---|
| Bartlett 的球形度检验 | 近似卡方 | 937.129 |
| | df | 120 |
| | Sig. | 0.000 |

资料来源：根据调查问卷统计结果整理。

从表 5-4 中可以看出 KMO 测度的值为 0.802，说明样本充足度高，量表适合作因子分析。Bartlett 球形度检验给出的相伴概率为 0.000，小于显著性水平 0.01，因此拒绝 Bartlett 球形度检验的零假设。综合上述结果认为本问卷的设计及各因子组成项目的构建效度符合要求。

（2）权重集的建立。

确定各级指标权重时运用专家访谈法，随机选择农产品营销方面的专家（教授）、企业经理及政府机构相关人员，进行面对面的访谈并完成问卷的填写。在访谈中请每位受访者根据自身的理解对农产品区域品牌竞争力各级指标给出相应的权重，而后对所有专家问卷结果进行汇总并采用 AHP 法计算得到各级指标的权重。

美国运筹学家，匹兹堡大学萨迪（T. L. Saaty）教授于 20 世纪 70 年代初期提出了著名的层次分析法（Analytic Hierarchy Process，AHP）。层次分析法（AHP）是一种实用的多准则决策方法，其本质是一种思维方式。它把复杂问题分解成各个组成因素，又将这些因素按支配关系分组形成递阶层次结构。通过两两比较的方式确定层次中诸因素的相对重要性。然后综合决策者的判断，确定决策方案相对重要性的总的排序。整个过程体现了人的决策思维的基本特征，即分解、判断、综合。AHP 又是一种定量与定性相结合，将人的主观判断用数量形式表达和处理的方法。它改变了长期以来决策者与决策分析者之间难以沟通的状态。在大部分情况下，决策者可直接使用 AHP 进行决策，因而大大提高了决策的有效性、可靠性和可行性。

近年来，AHP 的应用范围不断扩大，它的理论也得到了发展并日趋完善。目前 AHP 作为一种非常重要的决策方法，已经被各个国家的学者广泛应用于不同领域，成为一种非常普遍而又行之有效的决策方法。

运用层次分析法进行决策时，大体可分为以下四个步骤进行：

第一步：分析系统中各因素之间的关系，建立系统的递阶层次结构；

第二步：对同一层次的各元素关于上一层中某一准则的重要性进行两两比较，构造两两比较判断矩阵；

第三步：由判断矩阵计算比较元素对于该准则的相对权重；

第四步：计算各层元素对系统目标的合成权重，并进行排序。

由于本书仅使用 AHP 来确定一级指标和二级指标的权重，所以只涉及前三个步骤，因此，本书将主要说明前三个步骤的实现方法（详见附录一）。

本书运用 yaahp 6.0 With Patch 3 层次分析法软件对上述数据进行处理，并产生结果（见表 5–5 至表 5–9）。

表 5–5　农产品区域品牌竞争力一级指标判断矩阵及权重

| 农产品区域品牌竞争力 | 区域要素 | 品牌要素 | 产业要素 | 支持要素 | 权重 |
|---|---|---|---|---|---|
| 区域要素 | 1.0000 | 3.0000 | 4.0000 | 9.0000 | 0.5667 |
| 品牌要素 | 0.3333 | 1.0000 | 2.0000 | 5.0000 | 0.2375 |
| 产业要素 | 0.2500 | 0.5000 | 1.0000 | 4.0000 | 0.1478 |
| 支持要素 | 0.2000 | 0.2500 | 0.1111 | 1.0000 | 0.0480 |

资料来源：由统计分析结果整理得出。

判断矩阵一致性比例：0.0230；对总目标的权重：1.0000；$\lambda_{max}$：4.0614。

表 5–6　区域要素指标判断矩阵及权重

| 区域要素 | 区域资源基础 | 区域组织管理能力 | 区域农业生态环境 | 农产品区域品牌的社会价值 | 权重 |
|---|---|---|---|---|---|
| 区域资源基础 | 1.0000 | 3.0000 | 2.0000 | 2.00000 | 0.4118 |
| 区域组织管理能力 | 0.3333 | 1.0000 | 1.0000 | 0.25000 | 0.1189 |
| 区域农业生态环境 | 0.5000 | 1.0000 | 1.0000 | 0.50000 | 0.1564 |
| 农产品区域品牌的社会价值 | 0.5000 | 4.0000 | 2.0000 | 1.00000 | 0.3129 |

资料来源：由统计分析结果整理得出。

判断矩阵一致性比例：0.0494；对总目标的权重：0.5667；$\lambda_{max}$：4.1320。

表 5 - 7　品牌要素指标判断矩阵及权重

| 品牌要素 | 品牌创新能力 | 品牌定位 | 品牌价格及质量 | 品牌知名度与美誉度 | 权重 |
|---|---|---|---|---|---|
| 品牌创新能力 | 1.0000 | 3.0000 | 0.2000 | 1.0000 | 0.1690 |
| 品牌定位 | 0.3333 | 1.0000 | 0.2000 | 0.3333 | 0.0741 |
| 品牌价格及质量 | 5.0000 | 5.0000 | 1.0000 | 3.0000 | 0.5649 |
| 品牌知名度与美誉度 | 1.0000 | 3.0000 | 0.3333 | 1.0000 | 0.1920 |

资料来源：由统计分析结果整理得出。

判断矩阵一致性比例：0.0430；对总目标的权重：0.2375；$\lambda_{max}$：4.1147。

表 5 - 8　产业要素指标判断矩阵及权重

| 产业要素 | 农业产业集群发展速度 | 农业产业化龙头企业 | 配套型中小企业的发展 | 农业产业化水平 | 权重 |
|---|---|---|---|---|---|
| 农业产业集群发展速度 | 1.0000 | 0.3333 | 3.0000 | 0.2000 | 0.1256 |
| 农业产业化龙头企业 | 0.3333 | 1.0000 | 3.0000 | 1.0000 | 0.3253 |
| 配套型中小企业的发展 | 3.0000 | 0.3333 | 1.0000 | 0.1111 | 0.0626 |
| 农业产业化水平 | 5.0000 | 1.0000 | 9.0000 | 1.0000 | 0.4865 |

资料来源：由统计分析结果整理得出。

判断矩阵一致性比例：0.0699；对总目标的权重：0.1478；$\lambda_{max}$：4.1866。

表 5 - 9　支持要素指标判断矩阵及权重

| 支持要素 | 农产品质量安全体系 | 信贷环境 | 技术状况 | 行业协会的协调和监管 | 权重 |
|---|---|---|---|---|---|
| 农产品质量安全体系 | 1.0000 | 7.0000 | 5.0000 | 9.0000 | 0.6476 |
| 信贷环境 | 0.1429 | 1.0000 | 0.2000 | 1.0000 | 0.0632 |
| 技术状况 | 0.2000 | 5.0000 | 1.0000 | 5.0000 | 0.2299 |
| 行业协会的协调和监管 | 0.1111 | 1.0000 | 0.2000 | 1.0000 | 0.0593 |

资料来源：由统计分析结果整理得出。

判断矩阵一致性比例：0.0650；对总目标的权重：0.0480；$\lambda_{max}$：4.1735。

上述计算结果所得出的一致性比例均小于0.1，所以各级指标都具有较好的一致性，通过了一致性检验，计算出的指标权重是有意义的。将上述统计结果进行整理后得出农产品区域品牌竞争力评价模型各级指标权重（见表5-10）。

表5-10 农产品区域品牌竞争力评价模型各级指标权重

| 一级指标 | 权重 | 二级指标 | 权重 |
|---|---|---|---|
| 区域要素 | 0.56 | 区域资源基础 | 0.41 |
| | | 区域组织管理能力 | 0.12 |
| | | 区域农业生态环境 | 0.16 |
| | | 农产品区域品牌的社会价值 | 0.31 |
| 品牌要素 | 0.24 | 品牌创新能力 | 0.17 |
| | | 品牌定位 | 0.07 |
| | | 品牌价格及质量 | 0.56 |
| | | 品牌知名度与美誉度 | 0.19 |
| 产业要素 | 0.15 | 农业产业集群发展速度 | 0.13 |
| | | 农业产业化龙头企业 | 0.33 |
| | | 配套型中小企业的发展 | 0.06 |
| | | 农业产业化水平 | 0.49 |
| 支持要素 | 0.05 | 农产品质量安全体系 | 0.65 |
| | | 信贷环境 | 0.06 |
| | | 技术状况 | 0.23 |
| | | 行业协会的协调和监管 | 0.06 |

资料来源：表5-10和表5-5、表5-6、表5-7、表5-8、表5-9中数据略有不同，表5-5从主准则层推算，表5-6、表5-7、表5-8、表5-9从分准则层推算，因小数部分的四舍五入得到可认为近似一致的结果。

从表5-10中的结果可以看出，对于农产品区域品牌而言，因其产生、形成和发展的基础为区域内独特的地理环境和人文历史资源，即区域资源基础，同时区域内政府部门的组织管理能力、区域农业生态环境等因素是保证农产品区域品牌得以持续发展的根基，没有农产品区域品牌的形成及其发展，其竞争力的提升就无从谈起，而品牌要素、产业要素和支持要素的影响就缺乏相应的指向性。所以区域要素在上述评价农产品区域品牌竞争力的四个一级指标中所占权重最大是符合本书所研究对象的基本特点的。

（3）评价集合的建立。

将农产品区域品牌竞争力高低分为五个等级：U = ｛优秀，良好，一般，较差，很差｝，并将五个等级分别对应一定的数字范围，即得分为 100 时其竞争力水平为优秀，得分为 85 ~ 100 时其竞争力水平为良好，得分为 70 ~ 85 时其竞争力水平为一般，得分为 60 ~ 70 时其竞争力水平为较差，得分为 60 以下时其竞争力水平为很差，即 U = ｛100，85，70，60，50｝。

### 5.3.2 竞争力的综合测度

本书对内蒙古农产品生产企业的负责人、一般消费者、政府相关部门工作人员及科研院所相关研究人员等进行问卷调查，其中以内蒙古农产品生产企业的负责人、政府相关部门工作人员及科研院所相关研究人员为主体，均采用纸质问卷的方式。将调查结果整理后根据上文确定的各级评价指标及权重体系得到对内蒙古农产品区域品牌竞争力在 16 项指标下的评价，见表 5 – 11。

**表 5 – 11　内蒙古农产品区域品牌竞争力评价指标数据表**

| 一级指标 | 二级指标 | 评价情况 | | | | |
| --- | --- | --- | --- | --- | --- | --- |
| | | 优秀 | 良好 | 一般 | 较差 | 很差 |
| 区域要素（0.56） | 区域资源基础（0.41） | 0.36 | 0.24 | 0.25 | 0.14 | 0.01 |
| | 区域组织管理能力（0.12） | 0.03 | 0.12 | 0.36 | 0.38 | 0.11 |
| | 区域农业生态环境（0.16） | 0.12 | 0.26 | 0.33 | 0.18 | 0.11 |
| | 农产品区域品牌的社会价值（0.31） | 0.09 | 0.30 | 0.35 | 0.19 | 0.07 |
| 品牌要素（0.24） | 品牌创新能力（0.17） | 0.02 | 0.11 | 0.45 | 0.35 | 0.07 |
| | 品牌定位（0.07） | 0.03 | 0.26 | 0.35 | 0.30 | 0.06 |
| | 品牌价格及质量（0.56） | 0.24 | 0.27 | 0.36 | 0.12 | 0.01 |
| | 品牌知名度与美誉度（0.19） | 0.17 | 0.32 | 0.30 | 0.18 | 0.03 |
| 产业要素（0.15） | 农业产业集群发展速度（0.13） | 0.03 | 0.11 | 0.42 | 0.41 | 0.03 |
| | 农业产业化龙头企业（0.33） | 0.18 | 0.27 | 0.34 | 0.15 | 0.06 |
| | 配套型中小企业的发展（0.06） | 0.15 | 0.12 | 0.42 | 0.29 | 0.02 |
| | 农业产业化水平（0.49） | 0.03 | 0.11 | 0.53 | 0.27 | 0.06 |
| 支持要素（0.05） | 农产品质量安全体系（0.65） | 0.02 | 0.09 | 0.40 | 0.40 | 0.09 |
| | 信贷环境（0.06） | 0.01 | 0.10 | 0.53 | 0.27 | 0.09 |
| | 技术状况（0.23） | 0.07 | 0.12 | 0.35 | 0.37 | 0.09 |
| | 行业协会的协调和监管（0.06） | 0.04 | 0.11 | 0.39 | 0.31 | 0.15 |

资料来源：由调查问卷整理后得出。

根据评价结果，首先计算出内蒙古农产品区域品牌竞争力在 $X_1$ 区域要素上的得分。根据表 5 – 10 可得，$A_1 = (0.41，0.12，0.16，0.31)$，在 $X_1$ 上的变换矩阵为：

$$R_1 = \begin{bmatrix} 0.36 & 0.24 & 0.25 & 0.14 & 0.01 \\ 0.03 & 0.12 & 0.36 & 0.38 & 0.11 \\ 0.12 & 0.26 & 0.33 & 0.18 & 0.11 \\ 0.09 & 0.30 & 0.35 & 0.19 & 0.07 \end{bmatrix}$$

可得到内蒙古农产品区域品牌竞争力在产业要素上的评价结果：

$$B_1 = A_1 \times R_1 = (0.41，0.12，0.16，0.31) \begin{bmatrix} 0.36 & 0.24 & 0.25 & 0.14 & 0.01 \\ 0.03 & 0.12 & 0.36 & 0.38 & 0.11 \\ 0.12 & 0.26 & 0.33 & 0.18 & 0.11 \\ 0.09 & 0.30 & 0.35 & 0.19 & 0.07 \end{bmatrix}$$

$$= (0.1983，0.2474，0.307，0.1907，0.0566)$$

其次，计算出内蒙古农产品区域品牌竞争力在 $X_2$ 品牌要素上的得分。根据表 6 – 10 可得，$A_2 = (0.17，0.07，0.56，0.19)$，在 $X_2$ 上的变换矩阵为：

$$R_2 = \begin{bmatrix} 0.02 & 0.11 & 0.45 & 0.35 & 0.07 \\ 0.03 & 0.26 & 0.35 & 0.30 & 0.06 \\ 0.24 & 0.27 & 0.36 & 0.12 & 0.01 \\ 0.17 & 0.32 & 0.30 & 0.18 & 0.03 \end{bmatrix}$$

可得到内蒙古农产品区域品牌竞争力在品牌要素上的评价结果为：

$$B_2 = A_2 \times R_2 = (0.17，0.07，0.56，0.19) \begin{bmatrix} 0.02 & 0.11 & 0.45 & 0.35 & 0.07 \\ 0.03 & 0.26 & 0.35 & 0.30 & 0.06 \\ 0.24 & 0.27 & 0.36 & 0.12 & 0.01 \\ 0.17 & 0.32 & 0.30 & 0.18 & 0.03 \end{bmatrix}$$

$$= (0.1722，0.2489，0.3596，0.1819，0.0274)$$

再次，计算出内蒙古农产品区域品牌竞争力在 $X_3$ 产业要素上的得分。根据表 6 – 10 可得，$A_3 = (0.13，0.33，0.06，0.49)$，在 $X_3$ 上的变换矩阵为：

$$R_3 = \begin{bmatrix} 0.14 & 0.29 & 0.42 & 0.12 & 0.13 \\ 0.18 & 0.27 & 0.34 & 0.15 & 0.06 \\ 0.15 & 0.12 & 0.42 & 0.29 & 0.02 \\ 0.03 & 0.11 & 0.53 & 0.27 & 0.06 \end{bmatrix}$$

可得到内蒙古农产品区域品牌竞争力在产业要素上的评价结果为：

$$B_3 = A_3 \times R_3 = (0.13, 0.33, 0.06, 0.49) \begin{bmatrix} 0.14 & 0.29 & 0.42 & 0.12 & 0.03 \\ 0.18 & 0.27 & 0.34 & 0.15 & 0.06 \\ 0.15 & 0.12 & 0.42 & 0.29 & 0.02 \\ 0.03 & 0.11 & 0.53 & 0.27 & 0.06 \end{bmatrix}$$

$$= (0.101, 0.1868, 0.4464, 0.2121, 0.0537)$$

最后，计算出内蒙古农产品区域品牌竞争力在 $X_4$ 支持要素上的得分。根据表6－10可得，$A_4 = (0.65, 0.06, 0.23, 0.06)$，在 $X_4$ 上的变换矩阵为：

$$R_4 = \begin{bmatrix} 0.02 & 0.09 & 0.40 & 0.40 & 0.09 \\ 0.01 & 0.10 & 0.53 & 0.27 & 0.09 \\ 0.07 & 0.12 & 0.35 & 0.37 & 0.09 \\ 0.04 & 0.11 & 0.39 & 0.31 & 0.15 \end{bmatrix}$$

可得到内蒙古农产品区域品牌竞争力在支持要素上的评价结果为：

$$B_4 = A_4 \times R_4 = (0.65, 0.06, 0.23, 0.06) \begin{bmatrix} 0.02 & 0.09 & 0.40 & 0.40 & 0.09 \\ 0.01 & 0.10 & 0.53 & 0.27 & 0.09 \\ 0.07 & 0.12 & 0.35 & 0.37 & 0.09 \\ 0.04 & 0.11 & 0.39 & 0.31 & 0.15 \end{bmatrix}$$

$$= (0.0321, 0.0987, 0.3957, 0.3799, 0.1746)$$

在上述计算出内蒙古农产品区域品牌竞争力在区域要素、品牌要素、产业要素和支持要素方面的评价结果之后，由于一级各指标因素的权重系数矩阵为：

$A = (0.56, 0.24, 0.15, 0.05)$，因小数部分的四舍五入可以得到近似一致的结果，所以：

$$R = \begin{bmatrix} 0.20 & 0.25 & 0.31 & 0.19 & 0.06 \\ 0.17 & 0.25 & 0.36 & 0.18 & 0.03 \\ 0.10 & 0.19 & 0.45 & 0.21 & 0.05 \\ 0.03 & 0.10 & 0.40 & 0.38 & 0.17 \end{bmatrix}$$

故内蒙古农产品区域品牌竞争力的综合评价结果为：

$$B = A \times R = (0.56, 0.24, 0.15, 0.05) \begin{bmatrix} 0.20 & 0.25 & 0.31 & 0.19 & 0.06 \\ 0.17 & 0.25 & 0.36 & 0.18 & 0.03 \\ 0.10 & 0.19 & 0.45 & 0.21 & 0.05 \\ 0.03 & 0.10 & 0.40 & 0.38 & 0.17 \end{bmatrix}$$

$$= (0.1693, 0.2335, 0.3475, 0.2001, 0.0568)$$

这一结果可以近似为 $(0.17, 0.23, 0.35, 0.20, 0.06)$。

结果表明，内蒙古农产品区域品牌竞争力在评语集 U ＝ ｛优秀，良好，一般，较差，很差｝各等级上的隶属程度分别为 (0.17, 0.23, 0.35, 0.20,

0.06）。根据前文中设定的数字范围对评价等价结果进行进一步的运算，即评价集 V =（100，85，70，60，50），则内蒙古农产品区域品牌竞争力的最终得分为：

$$F = B \times V^T = (0.17, 0.23, 0.35, 0.20, 0.06) \begin{pmatrix} 100 \\ 85 \\ 70 \\ 60 \\ 50 \end{pmatrix}$$

= 76.05 分

可见最终得分接近于评语集中的一般等级（70），而从综合评价的结果看，内蒙古农产品区域品牌在产业要素和支持要素方面处于劣势，这也是以后在制定提升内蒙古农产品区域品牌竞争力策略时应重点考虑的方面。从总体上看，内蒙古农产品区域品牌竞争力水平一般，有待进一步的提升。

## 5.4　内蒙古农产品区域品牌竞争力综合评价

从总体上对内蒙古农产品区域品牌竞争力进行测度并不能完全揭示出与品牌竞争力提升相关的重要影响因素，因此，需要对其评价结果进行进一步的深入分析。这一分析可以从影响要素权重、影响要素得分和评价指标权重等几个方面来进行。

### 5.4.1　影响要素权重分析

根据计算的结果，各要素对农产品区域品牌竞争力的影响程度排序为：区域要素 > 品牌要素 > 产业要素 > 支持要素，各要素的影响程度分别为 56.67%、23.75%、14.78% 和 4.8%，从数值上看区域要素对农产品区域品牌竞争力的影响程度超过了其余三项要素的总和，是决定农产品区域品牌竞争力提升成败的关键要素；品牌要素的影响程度也达到 23.75%，在一定程度上也会影响农产品区域品牌竞争力的提升，不可忽视其作用；产业要素和支持要素的影响程度相对要弱一些。农产品区域品牌竞争力各要素的权重大小情况见图 5 - 1。

### 5.4.2　影响要素得分分析

根据计算的结果，内蒙古农产品区域品牌竞争力在各影响要素及具体评价指

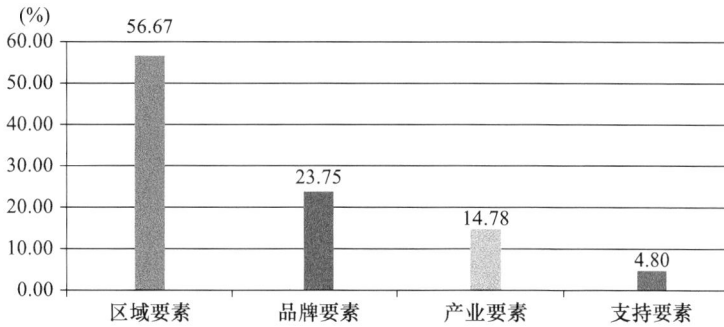

图 5 – 1 影响农产品区域品牌竞争力各因素的权重比例

标上的得分如下。

区域要素得分为：

$$F_1 = B_1 \cdot V^T = (0.20, \ 0.25, \ 0.31, \ 0.19, \ 0.06) \begin{pmatrix} 100 \\ 85 \\ 70 \\ 60 \\ 50 \end{pmatrix} = 77.35$$

品牌要素得分为：

$$F_2 = B_2 \cdot V^T = (0.17, \ 0.25, \ 0.36, \ 0.18, \ 0.03) \begin{pmatrix} 100 \\ 85 \\ 70 \\ 60 \\ 50 \end{pmatrix} = 75.75$$

产业要素得分为：

$$F_3 = B_3 \cdot V^T = (0.10, \ 0.19, \ 0.45, \ 0.21, \ 0.05) \begin{pmatrix} 100 \\ 85 \\ 70 \\ 60 \\ 50 \end{pmatrix} = 72.75$$

支持要素得分为：

$$F_4 = B_4 \cdot V^T = (0.03, \ 0.10, \ 0.40, \ 0.38, \ 0.17) \begin{pmatrix} 100 \\ 85 \\ 70 \\ 60 \\ 50 \end{pmatrix} = 70.8$$

　　从上述得分情况可以看出，内蒙古农产品区域品牌在支持要素上的得分最低为 70.8 分，这说明内蒙古农产品区域品牌发展的支持条件并不理想；同时内蒙古产业要素的得分也不高，仅为 72.75 分，说明内蒙古支撑农产品区域品牌发展的产业基础也有待进一步加强；在区域要素和品牌要素的得分分别为 77.35 分和 75.75 分，略高于支持要素和产业要素。上述分析表明内蒙古在农产品区域品牌建设的各个方面均处于一般水平，因此，从总体上看，这也是导致内蒙古农产品区域品牌竞争力水平不高的直接原因。而从另外一个层面来看，也说明内蒙古农产品区域品牌的发展仍有较大的提升空间。

### 5.4.3　评价指标权重分析

　　在建立评价模型权重集时，运用层次分析法软件经运算得到分准则层对目标层的最终合成权重（见表 5 - 12）。

表 5 - 12　分准则层对目标层的最终合成权重

| 目标层 | 主准则层指标 | 分准则层指标 | 分准则层对目标层的最终合成权重 |
|---|---|---|---|
| 农产品区域品牌竞争力 | 区域要素 | 区域资源基础 | 0.2334 |
| | | 区域组织管理能力 | 0.0674 |
| | | 区域生态环境 | 0.0887 |
| | | 农产品区域品牌的社会价值 | 0.1773 |
| | 品牌要素 | 品牌创新能力 | 0.0401 |
| | | 品牌定位 | 0.0176 |
| | | 品牌价值及质量 | 0.1342 |
| | | 品牌知名度与美誉度 | 0.0456 |
| | 产业要素 | 农业产业集群发展速度 | 0.0186 |
| | | 农业产业化龙头企业 | 0.0481 |
| | | 配套型中小企业的发展 | 0.0093 |
| | | 农业产业化水平 | 0.0719 |
| | 支持要素 | 农产品质量安全体系 | 0.0311 |
| | | 信贷环境 | 0.0030 |
| | | 技术状况 | 0.0110 |
| | | 行业协会的协调和监管 | 0.0028 |

资料来源：由统计分析结果整理得出。

　　根据表5－12的计算结果，按照影响要素权重分析的方法，可以将农产品区域品牌竞争力的各个指标划分为关键因素（＞0.1）、重要因素（0.01～0.10）和一般因素（＜0.01）（见表5－13）。

表5－13　内蒙古农产品区域品牌竞争力评价指标权重分析

| 类别 | 评价指标权重大小 |
| --- | --- |
| 关键因素 | 区域资源基础（0.2334）＞农产品区域品牌的社会价值（0.1773）＞品牌价值及质量（0.1342） |
| 重要因素 | 区域生态环境（0.0887）＞农业产业化水平（0.0719）＞区域组织管理能力（0.0674）＞农业产业化龙头企业（0.0481）＞品牌知名度与美誉度（0.0456）＞品牌创新能力（0.0401）＞农产品质量安全体系（0.0311）＞农业产业集群发展速度（0.0186）＞品牌定位（0.0176）＞技术状况（0.0110） |
| 一般因素 | 配套型中小企业的发展（0.0093）＞信贷环境（0.0030）＞行业协会的协调和监管（0.0028） |

资料来源：由表5－12整理后得出。

　　从表5－13中可以看出，农产品区域品牌竞争力主要由关键因素所决定，区域资源基础、农产品区域品牌的社会价值和品牌价值及质量三项关键因素的权重之和为0.5449，即关键因素对农产品区域品牌竞争力的影响程度为54.49%，其中区域资源基础的最终合成权重为0.2334，在所有指标中最大，农产品区域品牌的社会价值和品牌价值及质量的最终合成权重也较大，分别为0.1773和0.1342。因此这三个指标对农产品区域品牌竞争力来说是极其重要的制约因素，应给予特别的重视；在所有指标中，配套型中小企业的发展、信贷环境、行业协会的协调和监管等三项指标所占权重较小，三者之和仅为0.0151，这意味着这三项指标对农产品区域品牌竞争力的影响不明显，尤其是行业协会的协调和监管，这一指标的最终合成权重为0.0028，在所有指标中最小，因而可以忽略其作用。

　　在内蒙古农产品区域品牌竞争力的评价指标中，各二级指标通过其所具有的权重表现出其对农产品区域品牌竞争力的影响程度（见图5－2至图5－3）。

　　从图5－2至图5－5可以看出，区域要素中区域资源基础的作用最为突出，权重较大；品牌要素中品牌价格及质量是最关键的指标，权重最大；在产业要素中农业产业化水平是最重要的影响指标，权重最大；而在支持要素中农产品质量安全体系这一指标的权重最大，说明这是衡量农产品区域品牌竞争力至关重要的支持因素。

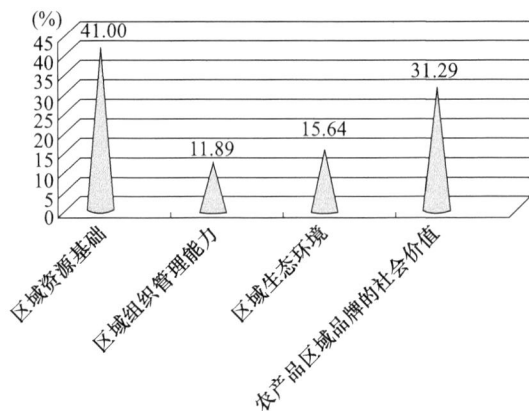

图 5 - 2　区域要素中各指标的影响程度

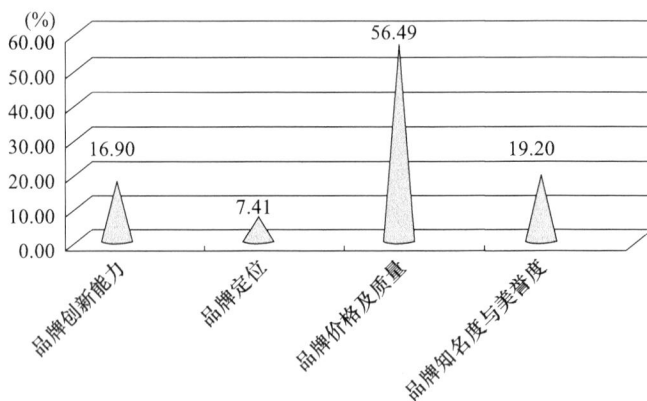

图 5 - 3　品牌要素中各指标的影响程度

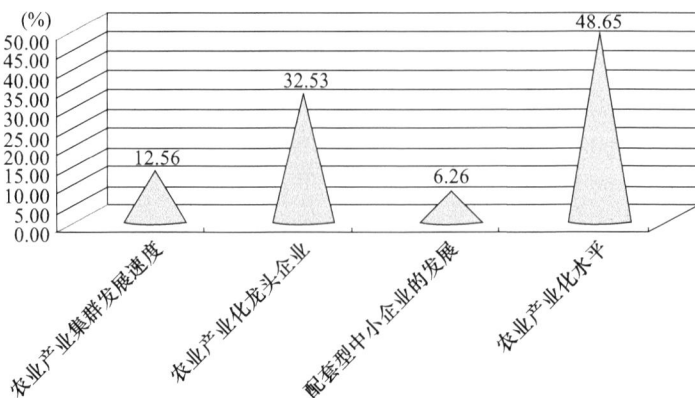

图 5 - 4　产业要素中各指标的影响程度

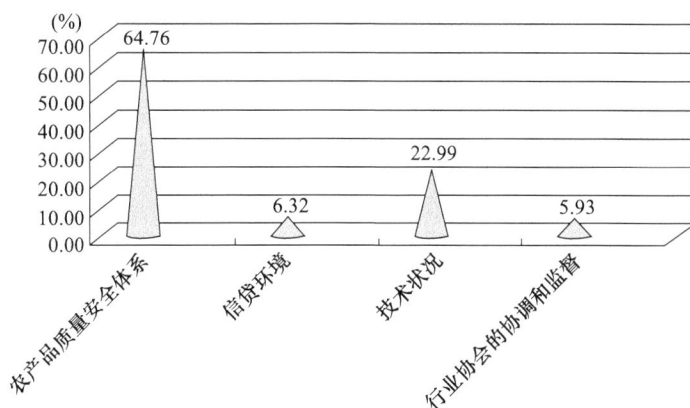

图 5 - 5　支持要素中各指标的影响程度

上述分析说明，在可以提升内蒙古农产品区域品牌竞争力水平的 4 个一级指标中，区域资源基础、品牌价格及质量、农业产业化水平及农产品质量安全体系这四个方面应是重点考虑的因素。

## 5.5　本章小结

本章在前文分析的基础上，设计了农产品区域品牌竞争力评价指标体系，运用层次分析法和模糊数学相结合的统计分析方法，构建了农产品区域品牌竞争力评价模型。在对所获得的有关内蒙古农产品区域品牌数据资料进行归纳整理后，运用所构建的计量模型，对内蒙古现有农产品区域品牌竞争力水平进行了综合测度，结果显示内蒙古农产品区域品牌竞争力综合得分为 76.05 分，处于一般水平，竞争力水平还需进一步提升。之后通过对影响要素进行权重分析和得分分析，对评价指标进行权重分析以及对各要素中所涵盖的具体指标权重的分析，进一步揭示出与内蒙古农产品区域品牌竞争力提升密切相关的一些影响因素，这些应重点考虑的制约因素为：区域资源基础、品牌价格及质量、农业产业化水平及农产品质量安全体系等几个方面。

# 6

国内外经验借鉴

为了应对农产品市场的激烈竞争以及满足区域农业经济发展的需要，农产品区域品牌作为一种新的市场竞争手段，已经逐渐发展起来并且备受关注。与农产品区域品牌的理论研究相比，国内外农产品区域品牌的实践研究发展得较快，在取得丰厚研究成果的同时也积累了丰富的经验。下面选取不同地域不同层次农产品区域品牌建设实践的成功经验和典型做法，作为本书后续研究的经验基础。

## 6.1　国外实践经验

国外对农产品区域品牌的理论研究开始得较早，同样对其实践研究也很早。到目前为止，国外农产品区域品牌建设成功的案例较多，不同国家、不同地区和组织在农产品区域品牌的实践中寻找到了适合自身的做法，成功地塑造了一系列的农产品区域品牌，不仅推动了当地经济的发展，同时也积累了丰富的经验。这些经验都值得借鉴和学习。

### 6.1.1　日本神户牛肉品牌的塑造

日本是世界上最大的食品进口国，其国内的食品消费对进口的依赖性很强。但是大量的食品进口并没有对日本本国生产的农产品带来过多的冲击，反而是日本本国生产的农产品的零售价格要高于进口农产品。虽然如此，大多数日本消费者在选购农产品时仍然会首选本国的农产品，原因在于日本消费者的头脑中普遍存在着这样一个共识，即认为本国的农产品在食品安全、口味及质量上都优于进口农产品。这一点在日本的区域品牌农产品上表现得尤为突出，神户牛肉就是这其中的典型代表。

作为日本"土特产"的神户牛肉是世界上顶级的食品之一，加之其不在日本之外的其他任何国家销售，因此，每年都有无数食客慕名前往日本品尝它的美味，尤其是高档消费群体。由此神户牛肉品牌的形成已不再是一个简单的农产品标识，更成为日本旅游产业发展的金字招牌。"神户牛肉"实现从耕牛到奢侈品牌的华丽变身，主要得益于品牌管理者对独特品种的发现和极致保护、对独特品质的极致管理和严苛要求及对其品牌定位和品牌传播的极致阐释。

（1）严格的品质监控。

为了保证神户牛肉品牌的持续发展，作为品牌管理者的神户牛肉流通促进协会在品牌商标的监管、牛肉来源的监控等诸多方面都力求精益求精。神户牛肉流通协会的工作目标很简单但针对性却很强，其日常工作主要包括以下几点：

第一，商标注册和管理。为了对神户牛肉品牌进行有效的宣传和保护，协会先后为神户牛肉注册了涵盖文字商标、图形商标和立体商标等在日本都会受到保护的多种综合商标。其中 2001 年注册的"野路菊"图形商标主要用于印在新鲜牛肉上，同时注册的立体商标——"青铜像牛"则用于协会指定的使用或销售神户牛肉的餐厅内。在神户牛肉品牌的宣传和推广活动中使用的是协会在 2007 年注册的 5 个文字商标。

第二，严格的品种培育和控制。协会不仅注重神户牛肉商标的注册和管理，对神户牛肉的品种培育和控制也极为严格。神户牛肉肉质得到保证的最关键因素是作为牛肉来源的但马牛的血统。只有血统纯正的但马牛才能产出美味的"神户牛肉"。为了确保牛肉的品质，协会不仅对纯种但马牛的来源进行了明确的规定，指出只有用但马县的种雄牛经过历代交配出的但马牛才是纯种但马牛，而且协会规定纯种但马牛必须由协会的注册会员在但马县内进行饲养和管理。即便如此，也并非所有的但马牛都可以作为神户牛肉的肉源，只有那些经过协会的严格筛选，达到协会规定的四五级以上标准的才有资格被称为"神户牛肉"。此外协会还建立了严格的但马牛血统认证体系，每一头但马牛的所有相关信息，如出生时间、地点、销售去处等都可以通过这一体系进行查询。这一体系的建立不仅可以有效地解决信息不对称问题，同时也杜绝了次品牛肉进入市场，既保障了神户牛肉经销商的经济利益，同时也维护了消费者的合法权益。

第三，标准化管理。协会对神户牛饲养过程的标准化管理成就了牛肉的非凡品质。出产神户牛肉的日本但马地区拥有良好的自然环境，但自然环境并不是独特美味产生的全部原因。在饲养过程中，饲养户会让神户牛喝啤酒以增进牛的食欲，用梳子给牛做按摩，以加强牛的血液循环，使牛的皮下脂肪更均匀，同时也是人与牛交流的过程。而协会则根据一头牛身上可食用部分的比例将牛肉分为 A～C 级；又按照牛的脂肪多少和肉质的细腻分配，将牛肉分为 1～5 级，每一级别都给予标准的规范图例，而检验工作就根据标准规范进行，为牛肉的品质提供了绝对的保障。

（2）精准的品牌定位。

神户牛肉有着较强的目标消费者定位。根据神户牛肉的高品质这一特征，神户牛肉将高端消费者群体作为其目标消费者进行定位。由于高端消费者群体经济实力较强、购买力巨大，对于其所购买的产品有着苛刻的要求，尤其是对产品能够带给其的自我实现感有着较高的要求，但是产品的价格却不会成为影响其购买决策的主要因素。因此，神户牛肉在品牌传播和塑造方面以这类人群为目标进行设计，运用各种营销手段，如高价位等，使目标群体对神户牛肉所能够赋予的社会地位满足感有所感知，并以此来刺激高端消费群体对神户牛肉的消费欲望，从而形成了极致化高品质管理和高消费之间的相互对应关系。

（3）多渠道传播，创造享誉世界的国际品牌。

神户牛肉能够成为享誉世界的品牌，多渠道传播功不可没。神户牛肉采用的传播方法多种多样，其中最有效的传播方法和渠道应数名人效应。由于神户牛肉的目标群体是高端消费者，因此，协会邀请对这些高端消费群体有一定影响力的日本各界精英来作为神户牛肉的品牌推广者，并在协会的网站上开辟了专门用来讲述成功人士与神户牛肉不解之缘的专栏。这一举措有力地助推了神户牛肉的品牌推广。另外，协会还开办了用于神户牛肉宣传的网站，在网站上有与品牌相关的所有资料，消费者可以通过网站了解关于神户牛肉的任何信息。同时网站还负责协会与会员之间的互动、经营、销售等环节，并成为神户牛肉的网络"代言人"。网站的创办使神户牛肉的推广与传播、经营、互动三位一体，对品牌的传播起到了积极作用。除官网的宣传外，在一系列与日本相关的专题片中，也可以看到神户牛肉的重点介绍；而分布在日本的上百家由官方指定的神户牛肉餐厅周围都有日本著名风景名胜区，这对神户牛肉而言也不失为一种较好的宣传方式。消费者可以通过神户牛肉网站获知每个区域中官方认证的餐厅地址。这样一来，不仅使神户牛肉这一品牌得到传播，同时也带动了其他产业的发展，可谓一举两得。

### 6.1.2　美国新奇士橙品牌的发展

1893 年 8 月，由 100 多位橘农代表发起成立的南加利福尼亚水果销售协会（美国新奇士橘农协会的前身）创建了目前世界上最大的柑橘产品品牌——新奇士。从这一品牌的创建到成功其所经历的过程可以看作是一个非常典型的农产品商品化案例。随着协会规模的扩大，协会更名为新奇士橘农协会（Sunkist Grower），确定商标为"Sunkist"。在其交易水果的包装上都印有"Sunkist Orange"商标。新奇士橘农协会是一个非营利性的合作社组织，它的发展已有逾百年的历史，其成功的关键因素有：

（1）以保护果农利益为目标，实现各成员的利益最大化。

传统的水果种植者中大多数为家庭式的种植者，其种植规模一般较小，产品供给能力十分有限，产品的商品化程度较低，产品质量也难以得到保障，没有固定的产品销售渠道，而且经济效益也不理想。当这些种植者以经济单元的形式进入市场时，因势单力薄加之交易信息的不对称性，使得这些果农往往很难获得精确的市场信息，在市场交易者中缺乏讨价还价的能力，只能任人宰割，而毫无还手之力。因此，在市场竞争中总是居于劣势地位。从客观上看，由于农业产业的弱质性，决定了农业生产本身必然存在着自然和市场这两种无法完全规避的风险。如果要改变果农在市场中的不利地位，则必须有新的经济组织形式出现。

新奇士橘农协会就是在上述背景下产生并最终形成的，橘农协会成立的目的在于提高果农的市场竞争能力、加深柑橘产业的组织化程度、为果农谋求更多的经济效益。因此新奇士橘农协会是一个果农自发联合组织起来的为其自身提供服务的组织机构。橘农协会在所有成员的有效管理和联合下，以集体的方式进入市场，并参与市场竞争。而在利益分配上采取的是以成员当年同协会产生的柑橘交易量作为分配的依据。这样既维护了果农的权益，又使得利益的分配较为公平。

（2）采取公司管理模式，进行产业化运作，信息化管理。

新奇士橘农协会已经由最初的单纯从事产品销售的合作经济组织，发展成为既可以提供农用物资供应又可以进行具体农产品加工的组织。其功能的转换也改变了其原有的运行模式。目前，新奇士采用公司化的管理模式来处理协会的日常事务。通过这种模式提高协会的运作效率，使协会的各种功能得到充分、合理的发挥。

在柑橘产业的发展上，橘农协会制定了产业化的运作模式。对生产布局进行统一规划、统一生产技术标准，并由协会为果农统一供应农用物资；同时积极推进柑橘的标准化生产，并在生产的过程中加强管理，依靠科学技术及专业技术人员的培训和现场指导，使果农的种植技术水平不断提高，以确保柑橘的产品质量。在产业化运作的过程中，协会还密切关注市场需求的变化，运用各种农业科研技术对新品种进行培育，对现有品种进行改良，使柑橘在一年中不同的时间都可以成熟，从而保证市场上无论在什么季节都能有新鲜的果品上市。橘农协会的产业化经营还体现在柑橘的加工环节当中。橘农协会实行从采摘、清洗、加工、包装、保鲜到运输的"一条龙"服务。总之，现在新奇士橘农协会已经实现了从田间地头到餐桌的产供销一体化运作模式。

此外，橘农协会还建立了规模庞大的全球性柑橘销售网络信息体系，对产品的销售实行信息化的管理。除销售网络外，协会还建立了客户管理信息系统以及果树信息档案管理系统。在果树管理系统中详细记录了每一株果树的具体情况，管理人员可以通过这套系统了解每一株果树的生长情况，从而使果实的采摘、生产加工及销售的时间大幅度缩减。

（3）高度重视品牌建设，实现品牌的国际化经营。

从品牌创建之初，新奇士协会就运用各种手段对该品牌进行宣传、推广，如捐赠、赞助及开办专门介绍以柑橘为原料制作食品的网站等，借此提升品牌的知名度和美誉度，从而为新奇士橙树立起了良好的品牌形象。目前，新奇士橘农协会是世界最大的柑橘合作社、著名的品牌农产品、成功的饮料生产商和全球公认的柑橘供应商，拥有 600 余种商品，远销 45 个国家，在全球脐橙市场的占有率、卖价都高居榜首。

为了使"Sunkist"商标能逐渐走向国际化，从 2003 年开始，橘农协会便在全球范围内寻找合作伙伴，通过授权的方式将"Sunkist"商标推广到世界各地。由于授权使用的组织必须购买新奇士海外加工的产品，因此，对于协会来说每增加一个海外的合作伙伴就意味着其海外市场范围的扩大，同时也为协会增加了一笔数额不小的收入。而协会为使品牌良好的声誉及形象得到保证，对这些海外生产加工的产品仍然要进行严格的质量检测和监督。另外，享有授权的组织在进行品牌宣传时也必须符合协会的相关规定。这样的方式既提高了该品牌的世界影响力，同时也成为协会获取更多收入的途径之一。

### 6.1.3　法国葡萄酒品牌的建设

法国优越的地理条件造就了世界上数一数二的葡萄国度，更造就了世界上独一无二的葡萄美酒。法国葡萄酒种类繁多，而尤以香槟和干邑最为著名。香槟和干邑酒不仅是以其醇厚、清淡、高雅、细腻和香气怡人的独特风味而风靡世界的法国著名葡萄酒品牌，同时也是法国最具代表性的农产品地理标志产品。香槟和干邑酒给法国带来的良好的经济和社会效益也令人瞩目。目前，90% 的法国干邑酒都用于出口，行销 100 多个国家和地区，创汇 100 多亿法郎；香槟酒每年的产值达 200 亿法郎，其中出口在 100 亿法郎以上，并成为当地的支柱产业。法国人已自豪地把香槟和干邑酒当作珍贵的国家经济文化遗产，作为国际贸易谈判的筹码和竞争的手段，甚至代表国家的形象。法国香槟、干邑酒久负盛名的原因，可以从以下几个方面来解读：

（1）实施"原产地命名控制"体系。

法国是最早提出原产地概念的国家，也是最早将原产地命名制度付诸实施并取得明显成效的国家。在法律的保护下，法国的农业尤其是葡萄酒产业在全球范围的发展如鱼得水，迅速崛起并占领了十分重要的地位。

鉴于此，法国成为欧盟所有成员国中首个实施"原产地命名控制（AOC）"运作体系的国家。这一体系的作用在于能够将农产品区域品牌的建设与农业标准化发展战略相结合，法国就是以此为基础成功地塑造了许多世界著名的葡萄酒品牌。另外，这一体系对农产品质量的认证以及在农产品区域品牌的推广等领域也能够起到非常显著的成效。正因为如此，这一体系才得以在欧盟内部被其他成员国所接受和认可，并在整个欧盟内部被广泛推行。AOC认证体系的管理由专门的管理机构来负责，而整个体系的运转也是由专业的运作体系来完成的。AOC认证体系是一个相对比较复杂的运行体系，但是由于这一体系对产品质量、生产技术及产品来源地等都有着严格的检测标准，所以一旦通过认证，那么就意味着产品的优良品质能够得到保证，对农产品区域品牌形象的维护而言则更具意义。这也是法国葡萄酒闻名于世的重要保障。

（2）卓有成效的品牌管理。

正如世界其他国家农产品区域品牌的发展一样，法国的葡萄酒之所以能够享誉海内外，这其中葡萄酒行业协会卓有成效的管理功不可没。在法国政府部门只是负责制定与葡萄酒行业发展相关的政策法规，但具体的实施则是由分布在法国各地的葡萄酒行业协会来完成的。法国的葡萄酒行业协会始建于1975年，其同样具有一般行业协会的职能，如为葡萄种植者提供技术咨询和培训、为葡萄酒生产企业提供生产指导、协助企业进行品牌的宣传和推广、采取多种形式如举办品酒会或者组织酒博会等扩大品牌葡萄酒的知名度等。另外，行业协会还担负着政府部门与葡萄酒生产企业之间沟通者的角色，起着联结这两者的纽带作用。除此之外，行业协会还要协助政府相关部门做好各个利益主体的协调工作。当然行业协会最重要的功能在于其有权对葡萄酒企业所生产产品的质量进行严格的监督和检查，这一权利是国家赋予行业协会的，因此，在法国分布了不计其数、规模不等的葡萄酒行业协会。还有一点值得一提，就是法国行业协会的工作人员。在法国的行业协会中工作的大多是对葡萄酒行业非常熟悉且经验丰富的人，而这一人员构成使得行业协会的各项规章制度能够根据实际情况的变化随时进行相应的调整，这更有利于协会工作的展开。

正是这些行业协会的存在及其卓有成效的管理，才使得法国的葡萄酒能够卓尔不群，即使是在竞争如此激烈的今天，法国葡萄酒仍能屹立不倒。

（3）独特的酒庄品牌文化。

法国葡萄酒是品牌与文化的融合，造就法国葡萄酒如此盛名的是那些遍布法国，拥有长达几个世纪甚至超过千年历史的众多葡萄酒庄。这些酒庄拥有优雅的气质、浪漫的文化、悠久的历史、上乘的品质和无法比拟的名气，这一切都足以令全世界的葡萄酒爱好者心驰神往。从酒庄的发源来说，法国是其最早的发源地，虽然每一个酒庄的面积并不大，但却是"麻雀虽小五脏俱全"，葡萄酒的所有生产工序都将在这小小的酒庄里完成。这种生产方式的选择非常有利于葡萄酒质量的控制，生产者在生产的过程中可以随时对产品质量进行把关，以确保用于销售的葡萄酒具有稳定且优质的产品质量。而酒庄本身所承载的法国浓厚的历史文化以及其特有的浪漫色彩也将随着法国葡萄酒传播到世界各地，这也是法国葡萄酒与众不同之处。

## 6.2　国内实践经验

国内对农产品区域品牌的理论研究是近几年才开始的，所以理论研究的成果还很有限，相比较而言，对农产品区域品牌建设实践的研究则会多一些，也取得了一些成果。目前，国内已经涌现出了大批知名度高、影响力大、竞争力强的农产品区域品牌。可以说这些区域品牌的创立和发展是以我国的具体情况为基础的，是品牌创立者和经营者在实践中不断进行摸索的结果，在这一过程中也积累了很多有益的做法和经验。本书选取目前国内较为知名的且在品牌建设及其竞争力提升方面较为突出的几个农产品区域品牌案例进行分析，并对其发展经验进行总结，以期对本书的后续写作有所裨益。

### 6.2.1　浙江大佛龙井品牌的发展

大佛龙井是浙江省新昌县 20 世纪 90 年代创建的绿茶区域品牌。1994 年，新昌县名茶协会下属的新昌大佛茶业有限公司向国家商标局申报注册了"大佛玉龙"商标。这是新昌县名茶注册的第一件商标。2003 年，新昌县政府又注册了"大佛"这一商标，并获得了国家商标局的批准。时至今日大佛龙井品牌已经有20 余年的时间了，而大佛龙井无论是在品牌知名度还是在品牌资产价值上都取得了长足的发展。2014 年，大佛龙井在全国 95 个知名茶叶品牌中以 27.91 亿元位居第 7 位。除了品牌资产价值的提升，大佛龙井还获得了很多的殊荣。目前，大佛龙井已经蜚声海内外，其品牌的知名度和影响力都在不断地提高。随着大佛龙井品牌知名度的提升，得到了越来越多消费者的认可和信赖，而其销售范围也随之得以扩张，除国内市场外，还出口到了很多其他国家，大佛龙井走出国门的不仅是具有独特品质的茶叶，同时也使中国的茶文化借此传播到世界各地。

大佛龙井品牌的成功发展，在这其中政府和行业协会是最重要的推动力量，尤其是新昌县政府在大佛龙井品牌的发展过程中发挥了决定性的作用。

（1）政府主导品牌命名。

大佛龙井在浙江新昌的种植具有悠久的历史，可以追溯到1500多年前。中国历史上与新昌茶叶相关的民间故事、文人佳话、志人志怪传奇不计其数。尽管如此，直到1994年之前，大佛龙井一直为他人作嫁衣。新昌所产绿茶是杭州西湖龙井绿茶的主要原料。进入20世纪90年代，随着品牌运作意识的加强，新昌县政府及时地调整了茶叶发展的方向，做出了由被动"贴牌"到自主"创牌"的战略决策。1994年，新昌大佛茶业有限公司向国家商标局申报注册了新昌县名茶注册的第一件商标——"大佛玉龙"商标。

然而"大佛玉龙"毕竟只是某一个公司的注册商标，如何为新昌县所产的所有茶叶的品牌命名成为迫在眉睫的问题之一。1994年底，新昌县政府以"茶禅一味说"这一历史文化为切入点，集思广益，最终确定了"大佛龙井"这一品牌名称。而这一品牌名称的由来是因为新昌大佛龙井与当地著名的佛教圣地新昌大佛寺有着难解难分的渊源。因此，大佛龙井的品牌命名不仅利用了新昌大佛寺在全国宗教界和旅游界的影响力，也使它带有深厚的历史文化底蕴和美好的品牌联想，具有很强的传播力。大佛龙井的命名体现了品牌运作中为品牌命名的技巧和策略，带有浓厚的营销气息和传播氛围，非常具有穿透力。正是这个响亮的名字，为"大佛龙井"品牌日后的发展树立了良好的品牌形象，使这一品牌逐渐深入人心。

（2）强有力的品牌运作。

新昌县政府十分重视大佛龙井品牌的发展并为其量身定做了品牌的运作战略，使大佛龙井品牌受益匪浅。在品牌建设初期，新昌县政府先后组织了上百次多层次、多地域、多形式的农产品展示展销活动，为大佛龙井赢得了50多次国内国际名茶大奖，为大佛龙井最初的品牌建设积累了宝贵的资产。

在1994年成立的由政府直接领导和管理的名茶协会的基础上，1999年，新昌县政府又成立了县农业招商宣传办公室，负责农产品品牌建设及展示展销活动。此外，新昌县政府还先后成立了浙东名茶市场管理委员会、大佛龙井品牌管理委员会、大佛龙井专卖店管理办公室、名茶质量监督站等相关机构，对全县名茶生产、加工、销售、商标使用等实行全程监控。

随着市场竞争的日益激烈，新昌县政府更加注重对大佛龙井这一农产品区域品牌的建设，先后出台了很多政策措施，目的就是要尽可能地促进大佛龙井品牌的建设与发展。同时，动员全县上下各个行业和部门，共同努力为大佛龙井的品牌发展提供必要的服务，还制定了专门针对企业的政策，鼓励企业以大佛龙井为母品牌，根据企业自身的情况注册更多的子品牌或者创建出更多的茶叶名牌。另外，政府对达到标准化生产的名茶企业、规模化发展的良种茶园以及大佛龙井品牌的专卖店进行一定的资金帮扶。不仅如此，为了使大佛龙井品牌的茶叶质量、品牌声誉和形象得到更好的维护，对现有的品牌效应进行进一步的巩固和扩大，同时也为了使该品牌的资产价值能够得到进一步的提升，新昌县政府尤为重视对茶产业从业人员进行培训，鼓励经营户和广大生产者积极参加各种职业资格培训和考试，如评茶员、制茶员培训等。希望以此提升全县茶产业从业人员的整体水平和素质，力争使这些从业人员成为宣传和展示大佛龙井品牌理念和文化的"活广告"。

（3）独具匠心的品牌传播。

大佛龙井作为绿茶品牌的后起之秀，新昌县政府对这一品牌的运作开始的时间也较晚，但是在短短的几年时间里，却能够使大佛龙井品牌声名鹊起，新昌县政府的品牌传播技巧是非常值得其他品牌借鉴的。新昌县政府对大佛龙井的品牌运作可谓独具匠心，堪称品牌传播的典范。具体体现在如下几个方面：

第一，与传统文化联姻。新昌县政府与著名的北京老舍茶馆始终保持着联系，尤其是近些年与老舍茶馆的关系更为密切。新昌县政府将这里作为大佛龙井对外宣传展示的阵地，将很多大佛龙井茶放在这里销售或者是从这里赠送出去。同时还借助于老舍茶馆的知名度举办了很多与茶叶有关的宣传活动，如茶文化节、茶艺表演等，这些活动的举办使大佛龙井为更多人所知晓，同时也增强了这一品牌的知名度和美誉度。2005年，时任中国台湾国民党主席连战的大陆之行，更是为大佛龙井带来了前所未有的契机，而连战的墨宝更使得大佛龙井声名远播。

第二，独具匠心的事件策划。大佛龙井品牌的成功传播，有赖于卓越不凡的活动事件策划。为了能够更好地宣传大佛龙井，新昌县政府不失时机地策划了一系列品牌宣传活动，而且活动的力度都非常大。每次活动都给当地的消费者留下了深刻的印象，更增强了消费者对大佛龙井的品牌记忆。而对于大佛龙井来说，既起到了传播品牌的作用又彰显了品牌的社会责任感。

第三，制定别具一格的广告宣传策略。在大佛龙井的品牌传播中，较好地将商业广告与媒体平台进行了有机的结合。在品牌的宣传中，新昌县政府充分地利用了报纸、杂志的版面，专门开辟出介绍大佛龙井的专栏，对品牌产品进行推荐和详细的介绍，同时还成立了专门的茶叶信息工作站，组织兼职通讯员对与大佛龙井相关的各种信息进行重点报道。这些报道内容全面、翔实、准确，在大佛龙井品牌的发展中发挥了不容忽视的作用。除了自身策划外，大佛龙井还借助专业广告公司的力量来制作和传播品牌，从而助力了品牌的发展。不仅如此，新昌县政府还充分利用现代化的网络资源，以互联网为平台，结交天下的茶友，不定期地组织网友参观游览大佛龙井生态茶园，通过网络对品牌加以延伸，使品牌获得更佳的口碑。

（4）实施有效的品牌保护。

随着大佛龙井品牌知名度的扩大以及品牌效应的日益显现，假冒、伪劣以及跨行业使用大佛龙井品牌的现象开始频频出现，对大佛龙井的保护难度也开始逐渐加大。针对这一局面，新昌县政府高度重视，采取各种手段加强对大佛龙井品牌的保护。新昌县政府为此专门成立了大佛龙井驰名商标的申报工作领导小组，并给予专项资金支持。经过工作小组的不懈努力，大佛龙井最终在全国数千个品牌中脱颖而出，被国家工商管理总局认定为"中国驰名商标"。同时，经过精心地准备，使大佛龙井获得了国家质量监督检验检疫总局的原产地保护认证。原产地保护的实施也使得新昌县政府对大佛龙井的保护更加得心应手。在这样的大环境下，新昌县政府也制定了一系列的保护办法和具体措施，如《提升大佛龙井品牌管理实施意见》、《销售区大佛龙井品牌管理实施办法》等。这些办法和措施的出台，使品牌的使用更加规范，对品牌这一无形资产的运用也更加合理。既对品牌使用者的行为进行了制约，又对品牌未来的发展指出了明确的方向。所以，上述举措在一定程度上积极地推动了大佛龙井品牌的保护工作。在新昌县政府锲而不舍的努力下，大佛龙井品牌的声誉并没有遭到实质性的破坏，反而具有了更强的生命力。

（5）名茶协会助力品牌发展。

新昌县名茶协会是1994年由县政府牵头成立，由从事茶叶生产、加工、流通的相关企业、专业大户、科技人员自愿组成的行业组织和服务性民间团体，新昌县有关涉茶部门如农业、工商、质监等为常任理事单位。名茶协会是大佛龙井品牌建设的重要主体之一，在大佛龙井这一区域品牌的建设中发挥了不可替代的作用。

名茶协会主要是辅助新昌县政府来完成对大佛龙井品牌的建设工作。例如，大佛龙井证明商标的申请及注册工作就是由名茶协会来负责完成的。值得一提的是，正是在协会的多方努力下，才使得大佛龙井在2004年通过了国家工商行政管理总局的审查，最终被批准成为证明商标。而作为这一商标的注册人，名茶协会担负着审查证明商标使用者资格、进行产品质量的检查和监管、为生产者提供统一的包装、维护品牌的形象统一等一系列的工作。概言之，名茶协会是大佛龙井品牌制度化管理、规范化运作以及法制化保护的重要保障。不仅如此，名茶协会的职能远非这些，在大佛龙井的任何一次宣传、推广活动中都会看到协会的出现。所以，对于大佛龙井品牌的发展来说，政府是主导力量而名茶协会就是不可或缺的支撑力量。可以说，没有名茶协会的推动，大佛龙井品牌的发展不会取得如此辉煌的成就。

### 6.2.2　黑龙江寒地黑土品牌的创建与发展

2004 年寒地黑土品牌诞生，到现在这一品牌已经走过了近十年的时间，截至目前该品牌已经成为囊括了 9 大系列 300 多个单品品牌，拥有会员企业 158 家、农户会员 480 户约 75 万人，个人会员 480 人左右的庞大体系。寒地黑土及其下属品牌获得了一系列不同层次的荣誉和奖项。自 2010 年开始，寒地黑土连续 3 年雄踞中国农产品区域公用品牌首位，其品牌的市场评估价值飙升至 123.08 亿元，成为中国最具价值的农产品区域公用品牌。寒地黑土品牌已经成为名副其实的天然有机、绿色环保、营养健康的化身。

在近十年中寒地黑土品牌的发展取得了巨大的成功，究其原因主要是"五大法宝"发挥了直接的作用。

（1）建立产品标准化体系。

农产品的质量是关系到农产品区域品牌能否持久发展的决定性因素，是该品牌参与市场竞争立于不败之地的根本。因此，农产品质量标准化体系的建立无疑是至关重要的，这一点从世界著名农产品区域品牌（如美国新奇士、法国葡萄酒）的品牌建设中可见一斑。目前，寒地黑土品牌已经逐渐形成了符合其自身特点的质量标准体系，这一标准被命名为寒地黑土标准。该标准是在国家绿色食品标准的基础上为其量身定制的，为了使寒地黑土品牌产品能够与世界接轨，寒地黑土标准在制定过程中还参考了西方发达国家如美国、欧盟等国家的农副产品质量标准体系，更是将寒地黑土的特点与该标准紧密结合，因此寒地黑土使用的质量标准与国家其他食品标准相比较要严格得多。目前，针对寒地黑土下属的不同种类农产品所制定的质量标准已经达到 50 余个，这些标准都是由寒地黑土协会和集团组织编制的且这些标准普遍高于国家标准。目前，寒地黑土有机农产品的质量标准体系已经初步形成。此外，寒地黑土品牌还建立了从"农田到餐桌"较为完整的产前、产中、产后的全程质量安全控制体系。

（2）注重品牌营销。

好的产品不仅要拥有良好的质量，更应该让广大消费者知道并了解该品牌的产品，这就要注重品牌的营销工作。当今的时代科技高度发达，现代传媒飞速发展，为农产品区域品牌的打造提供了良好的条件，因此应该充分利用现代传媒手段，对农产品区域品牌进行 360 度的全面营销，从而使品牌更快地为消费者所熟知，使品牌产品在最短的时间里深入人心。寒地黑土协会先后在国内各大知名媒体和网站上对寒地黑土这一品牌进行了一系列的专题报道和宣传、推广，与此同时还盛邀国际各种涉农组织机构的相关人员到寒地黑土的诞生地进行实地考察，并虚心求教这些专家学者，请他们为寒地黑土未来的发展献计献策。另外，寒地黑土品牌打破以往将农产品的目标市场定位为中低端消费人群的常规，把该品牌定位为中高端消费人群，并采用旗舰店的模式进行产品的销售。寒地黑土品牌未来的发展目标为进一步加强品牌销售网络的建设步伐，重点放在旗舰店、样板店、加盟店和销售专柜的设立方面，同时不断寻求其他的合作方式，如与中国石化开展便利连锁店的合作，希望借此来不断延伸和拓展寒地黑土品牌的销售网络。

（3）实行品牌的文化行销。

品牌具有的文化内涵是品牌持久生命力的源泉，同时也是消费者在进行品牌产品消费时较为关注的一个方面，雄厚的文化基础和丰富的文化内涵是品牌获得自身持续发展的有力支撑。品牌所蕴含的文化内涵是品牌发展的动力，虽然品牌文化的作用并不是立竿见影的，但却是品牌成功塑造不可或缺的元素。寒地黑土品牌存在的根基就是孕育其成长的黑土文化。为了进一步弘扬这一独特文化，寒地黑土协会不定期地举办与之相关的各种文化活动，每一种活动都会以寒地黑土来冠名，并成立了相应的文化宣传团体，通过这些活动和专业团体来传播黑土文化，加深人们对这一文化内涵的理解，从而使寒地黑土品牌深入人心，而其影响力也在逐年提升。

（4）加强品牌管理。

品牌管理的重要工作包括品牌的创立和品牌的保护。任何一个方面的缺失都会使品牌的健康发展受到较大的影响。虽然现在寒地黑土已经成为家喻户晓的知名农产品区域公用品牌，在消费者心目中树立了良好的品牌形象，并且其品牌价值也在不断攀升，商业利用价值日益显著。但是如果不能对品牌进行有效的管理，一旦发生造假、滥用品牌等有损寒地黑土声誉的现象，则会给品牌发展造成极为不利的影响，甚至会造成该品牌的彻底消失。为了避免上述问题的出现，寒地黑土协会从品牌创立之初就制定了一系列的品牌管理制度和规范，申请注册了"寒地黑土"证明商标，借助法律手段使这一品牌得到更好的保护。同时，对品牌和商标使用者的资质、信誉等方面进行严格的审查，并对已经授权使用这一品牌的企业和个人进行密切的监管，及时纠正其不良行为，力争避免有损寒地黑土品牌声誉的行为发生。

（5）品牌科技含量的提升。

农产品区域品牌的持久发展仅仅依靠自然资源禀赋所形成的比较优势是远远不够的，还必须不断创新经营理念、拓宽销售渠道、提升产品科技含量等，并以此为基础真正形成品牌自身的竞争优势。而这一竞争优势的形成都需要以科技作为支撑。为了提升寒地黑土品牌产品的科技含量，寒地黑土协会积极与黑龙江省的各大高校以及科研院所建立产学研合作。近几年又与政府部门及其他科研实力较强的院校签署了有关食品研发及加工技术开发等项目的合作协议。在与政府部门、高等院校及科研院所的合作中，三方各取所需，各展所长，实现了彼此之间的合作共赢。

### 6.2.3　江苏阳澄湖大闸蟹品牌的成功发展

"公用地灾难"即"公地悲剧"是由于农产品区域品牌所具有的"准公共物品"特性所导致的。很多农产品区域品牌在发展过程中都不可避免地遭遇了这一命运，但同时也有很多农产品区域品牌通过自身的努力，采取自己的办法成功地应对了这一现象，并成功地走出了困境，阳澄湖大闸蟹品牌就是其中之一。

阳澄湖是海水与淡水在长江交汇形成的湖泊，这里拥有独特的地理环境，水位常年稳定在 2 米左右，光照非常充足。在阳光的沐浴下，阳澄湖水草茂盛，湖内生物种类丰富，湖边稻谷飘香，独特的地理条件为大闸蟹的生长提供了良好的环境。"青背白肚、金爪黄毛、脂满膏丰"的阳澄湖大闸蟹被视为"蟹中之王"。目前阳澄湖大闸蟹已经成为中国最具价值水产品品牌之一。2012 年，阳澄湖大闸蟹的产量在 2300 吨左右，但产值却达 4 亿 ~5 亿元。这不仅体现出阳澄湖大闸蟹的品牌效应，同时也奠定了其在今日的品牌地位。现在阳澄湖大闸蟹这一品牌的日常管理与经营都是由行业协会进行的。

阳澄湖大闸蟹因其上乘的品质逐渐得到广大消费者的认可和信赖，其品牌效应也随之显现并日益突出。但与此同时"冒牌阳澄湖大闸蟹"事件也开始层出不穷，全国很多地方的螃蟹都冒充阳澄湖的牌子销售，而且数量巨大，造成正宗的阳澄湖大闸蟹反而卖不出好价钱，当时 70% ~80% 阳澄湖大闸蟹养殖者都在亏钱。养殖者越亏本越不肯投入，结果造成阳澄湖大闸蟹越养越小，质量越来越差，直接威胁到阳澄湖大闸蟹的品牌。作为地域品牌的阳澄湖大闸蟹也不可避免地遭遇了"公地悲剧"的命运。

虽然"公地悲剧"是农产品区域公用品牌发展进程中一个非常棘手的问题，但对于这一问题，阳澄湖大闸蟹却有着一套从实践中摸索总结出来的应对机制。

（1）成立行业协会，规范品牌运营环境。

当阳澄湖大闸蟹遭遇"公地悲剧"时迫切希望政府主管部门能带领大家尽快改变这种状况。然而，作为政府也好，主管部门也好，由于受到自身角色和部门职责的限制，其工作的重点主要在搞好规划和日常监督上，不可能也无法做到对整个行业实行真正意义上的全过程、跨部门式的管理。而协会因其具有民间性和自律性等特点，完全可以因会员的需要而相对超脱地运作。正是在这样的背景下，2002 年 9 月 18 日，苏州市阳澄湖大闸蟹行业协会作为当时苏州市第一家市级专业渔业协会，经苏州市民政局和农林局批准正式挂牌成立。协会成立后，为了恢复阳澄湖的生态环境，开始拆网退湖，现在全湖区是 3.2 万亩围网。另外，有不到 6 万亩的半封闭的生态化养殖区，实行大围网生态化养殖，可以放蟹苗、螺丝、花白鲢，种水草，但是为了保护水质不能投饵料，剩下的还有 8 万亩空旷的增殖水域。

此外，行业协会对区域内相似的大闸蟹商标进行了整合。阳澄湖除了"阳澄湖大闸蟹"这个商标，还有延伸出来的许多相似的商标，协会成立后对这些相似的商标也进行了整合，养殖、收购、上市、专卖店，四个环节严格按照标准执行，协会、企业共同推大一个品牌。

（2）统一协会成员销售模式。

在市场培育和销售行为上，协会将阳澄湖大闸蟹的主要销售模式统一为三种：专卖店、超市和酒店，引导会员逐步退出全国农贸批发市场；对全国销售市场进行合理划分，并引导实行区域管理；制定专卖店开业实施标准。现在阳澄湖大闸蟹主要以专卖店、大型超市、高档酒店作为销售渠道，阳澄湖大闸蟹专卖店是在 2003 年提出的，苏州店作为第一家店。随着专卖店、加盟店的发展，现在这样的经销店全国大概有几百家，主要集中在华东、珠三角地区的一线城市。

在品牌宣传和保护上，协会在每年大闸蟹上市前会将当年阳澄湖大闸蟹的相关信息，通过报纸、杂志、网络以及推介会等形式进行全方位的宣传，以此为消费者提供充足而真实的产品信息。这样既便于消费者的购买，又有利于对阳澄湖大闸蟹品牌的宣传与维护。

（3）加强自身管理。

为了避免悲剧的再次上演，行业协会在制定《协会自律公约》中要求，生产企业严格执行"三验"（验身份、验数量、验质量）和保护办法规定的统一防伪措施，做到在产地完成一蟹一防伪工作，严禁蟹标分离；所有经批准销售阳澄湖大闸蟹的企业必须做到统一店招、统一防伪标识。在品牌的使用过程中，对商家的选择实行高标准、严要求，只有符合行业协会的要求并通过审查后，方能使用阳澄湖大闸蟹这一品牌标识，否则视为违法将会被追究法律责任。对于使用阳澄湖大闸蟹这一品牌标识的商家，要求其必须同时使用属于自己的其他品牌名称，一旦出现问题就可以立刻找出根源并剥夺该商家继续使用这一品牌的权利。另外，行业协会实行产品可追溯制度，通过安全码制度对出现问题的环节及人员进行追踪和追究责任。行业协会就是充分利用这样一套较为严格的防御和监控机制来最大限度地降低"公地悲剧"发生的概率。

与此同时，协会还要求阳澄湖大闸蟹销售企业在销售过程中不得以低价进行倾销，要求经销企业根据经营状况和等级向协会交纳保证金，保证金分基本（固定）保证金和短期保证金。基本（固定）保证金分别为：AAA 级企业 5 万元；AA 级企业 4 万元；A 级企业 3 万元；其他企业 2 万元。凡新进企业一律为 4 万元。凡经年度审核合格的，基本（固定）保证金可结转为下一年度保证金。每个企业在各地专卖点的设置数量原则上最多不超过 5 个，如超过 5 个的，每增加一个点另外需向协会交纳 2 万元的短期保证金。

通过阳澄湖大闸蟹行业协会及其成员的共同努力，才使得这一区域品牌能够经久不衰，而行业协会的上述做法也值得其他地域品牌在遇到同一问题时进行参考与借鉴。

# 6.3　主要启示与借鉴

综上可以看出，国内外农产品区域品牌建设与发展的成功案例很多，从这些成功的案例中我们可以得出如下一些启示。

## 6.3.1　科学合理利用地域独特的自然资源

农产品区域品牌创建及其发展的根基是产品品质，同时稳定的农产品品质也是品牌竞争力提升的核心。独特的自然资源是区域品牌农产品品质的根本保障，也正因为区域内独特的自然资源才造就了这一区域内农产品拥有其他区域农产品所不具有的优良品质，同时也使这一区域内的农产品品质无法被复制和模仿。因此，要保持产品品质使农产品区域品牌经久不衰，必须科学、合理、生态地利用自然资源。

由于农产品区域品牌本身所具有的强大品牌效应，能够为生产者和经营者带来巨大的经济利益。在经济利益的驱动下，使得人们过分追求农产品的产出从而对区域内的自然资源造成了极大的破坏，反而导致农产品品质下降，经济效益降低，这样的案例在国内外屡见不鲜。所以农产品区域品牌的建设必须要充分合理地利用独特的自然资源，以不可复制性缔造品牌的特殊性，同时可以以此来保持农产品区域品牌产品的优良品质，也是提升品牌竞争力的有效途径。

## 6.3.2　注重农产品区域品牌的文化传播

"酒香不怕巷子深"的年代已经过去，品牌的宣传已经成为农产品区域品牌建设中不可缺少的环节。农产品区域品牌本身蕴含着丰厚的文化底蕴，因此品牌文化的传播自然就成为品牌宣传的重点。品牌文化的传播使购买产品的消费者在消费这一产品时，就像翻开一本书，可以让人去品读其中的意味，感受这一品牌所在地域的文化气息。同时也可以加强消费者对品牌产品的忠诚度，进而提升农产品区域品牌的竞争力。

农产品区域品牌创建的实质最终要归结为品牌文化的创造。面对日益激烈的市场竞争，农产品未来的销售走向最终是要向卖品牌文化发展，即从文化上要附加值。因此农产品区域品牌的文化传播已经成为区域品牌建设中非常重要的环节，同时也成为提升品牌竞争力的有力手段。

### 6.3.3 充分发挥政府作用，助推农产品区域品牌竞争力提升

由于农业生产的分散性、农产品经营的风险性等原因使得农产品区域品牌的构建仅仅依靠单个经济主体来实现几乎是无法完成的，因此政府必须参与其中并成为主导力量。国内外农产品区域品牌创建的实践经验都证明了这一点。在农产品区域品牌的建设过程中，政府应发挥区域行政主管的职能作用，打造本地区的农业产业优势、区域特色优势，培育、整合、保护、宣传推介农业品牌，大力推进标准化生产、产业化和市场化经营。切实承担起农产品区域品牌建设主体的这一重要角色，制定并出台农产品区域品牌建设的制度与政策。尤其是地理标志保护制度的完善更是需要政府的积极参与。

从国外农产品区域品牌建设的实践经验来看，在区域品牌农产品蜚声世界的背后，地理标志保护制度功不可没。地理标志是产品原产地的标记，是对产品质量的一种重要保证。地理标志常常与产品的信誉、质量以及独特品位密切相关，当人们看到这一标志时自然就会联想到产品所在地域拥有的独特自然地理环境或者浓厚的人文历史氛围，同时也会将这些地域特征与产品所具有的特性直接联系起来。地理标志可以降低消费者的感知风险，是消费者购买产品时重要的信息提供者，因而它的存在可以引导消费者进行产品的选择，无形之中扩大了该品牌的知名度和美誉度，使品牌的资产价值得以提升。因此，地理标志所发挥的品牌宣传作用是远非广告所能媲美的。所以，建立完善的地理标志保护制度，不仅可以保护区域品牌农产品在国内外市场上的地位，同时也可以保证该品牌的使用者能够获得品牌利益。总之，农产品区域品牌的构建及其竞争力的提升离不开政府的支持与助推。

### 6.3.4 注重行业协会运行新模式的探索

国内外的研究成果中通常是把行业协会作为农产品区域品牌最适宜的创建主体，因此，行业协会对农产品区域品牌的发展而言是不容忽视的因素。在国内外农产品区域品牌建设的成功案例中大多由行业协会来进行运作和管理的。行业协

会之所以会在农产品区域品牌的建设中发挥重要的作用，往往是在于其有效的运作模式。行业协会的运作模式不仅决定了行业协会自身的生存发展，同时也决定了其在进行农产品区域品牌运作时所能够发挥作用的程度。积极探索新的行业协会运作模式，充分挖掘行业协会自身的潜力，进而就可以更有效地推动农产品区域品牌的建设。

## 6.4　本章小结

　　本章从不同层面介绍了国内外发展较为成功的农产品区域品牌建设及竞争力提升的经验和做法，作为后续研究的实践经验基础。本章将日本的神户牛肉、美国的新奇士橙和法国葡萄酒等相比较而言在国外较有影响力的农产品区域品牌作为对象，对这些品牌的创建与发展历程进行了概述。同时对浙江的大佛龙井、黑龙江的寒地黑土与江苏的阳澄湖大闸蟹等在国内具有一定代表性的农产品区域品牌在发展过程中成功的经验和举措进行了阐述。通过对国内外农产品区域品牌建设经验的介绍，从中总结出几点可供内蒙古农产品区域品牌建设及竞争力提升中值得借鉴的有益的启示，即科学合理利用地域独特的自然资源，注重农产品区域品牌的文化传播，充分发挥政府作用，助推农产品区域品牌竞争力提升以及注重行业协会运作新模式的探索等。

# 7

内蒙古农产品区域品牌竞争力
提升路径分析

第 5 章对内蒙古农产品区域品牌竞争力现状的实证考察和客观判断表明，内蒙古农产品区域品牌的建设在产业要素和支持要素这两个方面存在一定的劣势，但是仍有可以完善和改进的空间。此外，区域资源基础、农产品区域品牌社会价值、品牌价值与质量是制约内蒙古农产品区域品牌竞争力提升的关键因素，区域生态环境、农业产业化水平、区域组织管理能力、农业产业化龙头企业、品牌知名度与美誉度、品牌创新能力、农产品质量安全体系、农业产业集群发展速度、品牌定位和技术状况对内蒙古农产品区域品牌竞争力的提升也有一定的制约作用。上述制约问题均可以通过对多元主体采取有针对性的措施而加以解决。本章将通过探讨提升内蒙古农产品区域品牌竞争力有效路径的方式对上述问题进行解决。本书认为内蒙古应该采取农业产业集群化发展道路、实施农产品区域品牌伞策略路径和构筑蒙古族民族特色的品牌形象等路径来实现农产品区域品牌竞争力的提升。

## 7.1　农业产业集群化发展道路

内蒙古拥有丰富的农牧业资源，并且这些资源均呈现出地域集中分布这一特点，为农业产业集群的发展提供了基础。

### 7.1.1　农业产业集群与农产品区域品牌的关系剖析

（1）农业产业集群的形成及其特征。

农业产业集群的重要特征为大量企业聚集在某一地域，进而形成规模经济效应，并以此来推进其所在地域的经济发展。因此，通常将农业产业集群的形成归结为区域经济结构在空间上的演变。而作为一种能够促进区域农业经济发展的重要模式之一，农业产业集群自然也就成为实现农业现代化的有效路径。所谓农业产业集群，是指基于当地独特的自然条件和特色人文环境，在一定区域内围绕某一主导产业的种植、养殖等大农业生产活动为基础，联系密切的企业、组织、协会、科研院所等机构在区域上集中，并形成产业竞争力强势的现象。

在产业集群理论形成之后，学者们将这一理论引入农业经济领域来探讨相关问题，最终催生了农业产业集群的产生和形成。因此，农业产业集群可以被看作为既有自身的组织特点又与产业集群形成的一般规律相契合的一种特殊的产业组织形态。从农业产业集群的演变历程来看，其得以生存和发展的首要前提是某一地域所拥有的丰裕的农业资源，而这一前提也是农业产业集群形成的根本诱因。市场需求是农业产业集群形成的必要条件；规模效应、合作与分工是农业产业集群形成的内在动力；政府的推动、龙头企业的带动是农业产业集群形成的动力因素。一言以概之，农业产业集群是各种相关因素在区域农业资源禀赋的基础上，在各种动力机制的作用下逐渐演化而形成的类似生物群落的产业系统体系（见图7－1）。

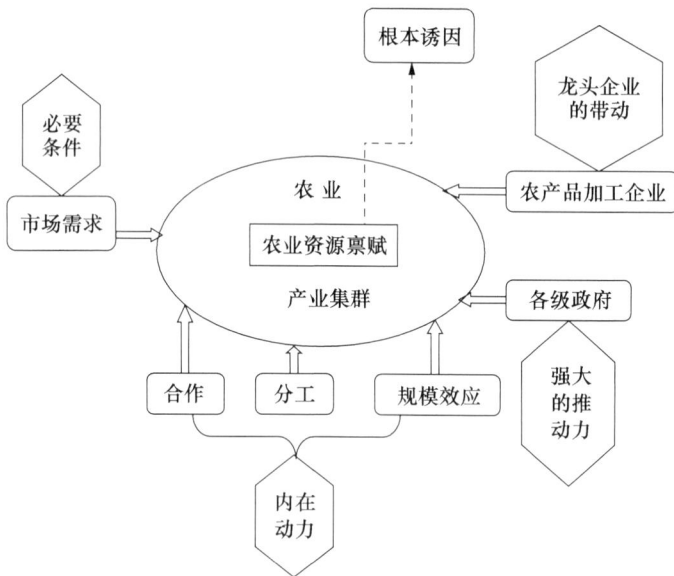

图7－1　农业产业集群形成机理示意图

农业产业集群在其形成与发展过程中逐渐表现出以下特征。

第一，具有较强地域根植性。

农业产业集群的形成与区域内农业资源禀赋有着极为密切的关系，即先有丰富的资源而后才可能有农业产业集群的产生和形成，如果没有区域的资源基础作为支撑，农业产业集群就会成为空中楼阁。所以，农业产业集群带有明显的地域性特征，即其是植根于某一区域而形成的。而农业产业集群中众多企业的地理集中性则是对其地域根植性特征的一种强化。

第二，农业相关产业的高度集中。

在农业产业集群中农业生产经营活动是主导，整个集群是由与农业发展密切相关的产业和部门所构成的。这其中有专门从事农产品生产加工的企业，有为农业生产发展提供技术支持的科研院所（高等院校），有为农业生产经营提供资金扶持的金融机构，还有为农业发展提供政策导向的涉农政府部门等。上述这些农业产业集群的构成主体因其在生存和发展上的共生性和互补性在空间上聚集到一起，显现出农业产业集群的又一重要特征。

第三，创新能力较强。

产业集群中的企业由于地理区位上的接近，企业间相互合作的概率很高，而这有利于各种新鲜事物在不同企业间的传播，使每一个企业都能够很便利地获得一些新技术、新知识等，也极易形成一种力争上游的创新文化氛围。在这种氛围中每一个企业自身创新能力的不断提升必将使整个集群所具有的技术创新能力得到相应的提高。对于农业产业集群这一点同样适用。

（2）农业产业集群与农产品区域品牌的关系。

本书第2章中已对农产品区域的概念及其特征进行了阐述，通过对上述内容的深入分析，农业产业集群与农产品区域品牌两者的关系表现在以下三个方面（见图7-2）：

**图7-2 农业产业集群与农产品区域品牌的内在关联**

首先，两者具有相似的形成基础。从上述关于农业产业集群以及农产品区域品牌相关内容的论述可知，两者的形成基础颇为相似。这说明两者中的一个一旦形成，另一个的形成相对来说就会更容易一些。而从本书的研究视角出发则表明农业产业集群一旦形成，在其基础上农产品区域品牌的创建及其发展相对于没有农业产业集群作为基础的情况而言要更为容易且发展得会更快、更好。

其次，农业产业集群承载着农产品区域品牌的发展和保护，是其存在的有效载体。作为地域内所有经济主体共同享有的无形资产，农产品区域品牌的发展、其价值的体现都必须以有形资产作为载体和依托。农业产业集群由于其自身的独特性使其成为农产品区域品牌最佳的有形载体，这一点已被众多国内外学者的研究所证实。农业产业集群也会因为承载了农产品区域品牌而使自身具有较强地获得更多额外收益的能力。就农产品区域品牌而言，尽管其在区域农业经济发展乃至在整个地区的经济发展中都占有重要的地位，而这并不会妨碍农业产业集群成为其发展和保护的载体。

当农业产业集群发展到一定程度时，其自身的集聚效应也会随之变得强大而且会日益凸显出来，彼时大量的信息流、资金流、人流和知识流会纷纷汇聚于此并相互发生碰撞，碰撞的结果一方面可以加速地域品牌的成熟；另一方面这一过程对农产品区域品牌而言，也是对其进行有效传播的过程。另外，农业产业集群涉及不同的经济主体，为了使集群能够持续健康发展，法规制度的建立是必不可少的，而这也成为有效维护农产品区域品牌形象及声誉的重要手段。再者，农业产业集群中各主体是由其共生性与互补性而聚集到一起的，因此经济利益上的相互依存性会最大限度地避免"免费搭车"现象的发生，可以对农产品区域品牌进行最有力的维护。综上所述，农业产业集群必然成为农产品区域品牌建设及其竞争力提升的重要影响因素之一。由此，以农业产业集群为依托来探讨农产品区域品牌竞争力提升问题就具有较强的可行性（见图7-3）。

最后，农业产业集群是农产品区域品牌竞争优势的重要来源。地域根植性、大量相关产业的集聚及浓厚的创新氛围是农业产业集群优于其他经济发展模式的体现，而这些优越性都成为农产品区域品牌竞争优势尤其是其持久竞争优势形成的重要来源。具体来看，由于农业产业集群中形成的创新气氛会不断激发企业获取更多更新的知识，从而会增强其生产技术的研发能力。新技术在生产上的应用既会使农产品加工的产业链得以延伸，也会使农产品的精深加工更为深入，而农产品的附加值也会随之增加，这最终将会转换为农产品区域品牌资产价值的提升。另外，由于与农业生产相关的各个机构和部门在地理空间上聚集，加之农业产业集群是扎根于同一地理区位之上，并且其内部具有相对稳定的架构，这就为农产品区域品牌的持久发展提供了源源不竭的动力，既可以保证农产品区域品牌的稳定发展又可以使品牌得到持久的维护。总之，随着农业产业集群发展实力的

增强,其优越性会更为明显,而这种优越性最终将逐步转化为农产品区域品牌的
竞争优势(见图7-4)。

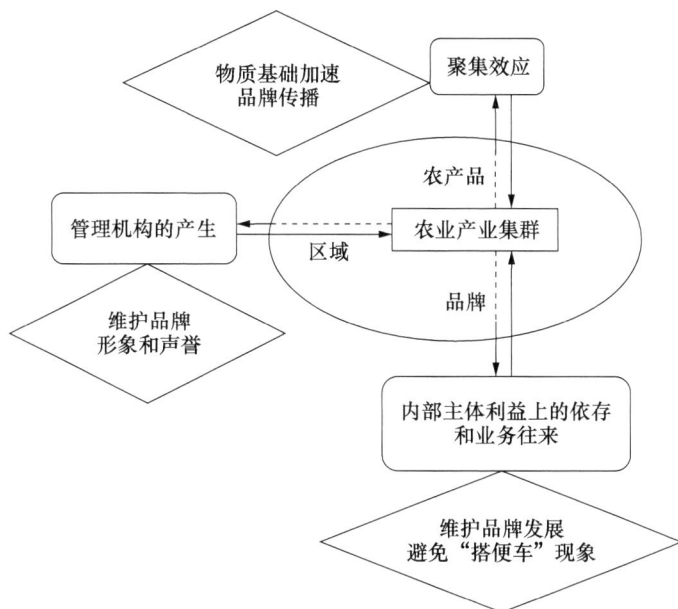

图7-3 农业产业集群作为农产品区域品牌重要载体示意图

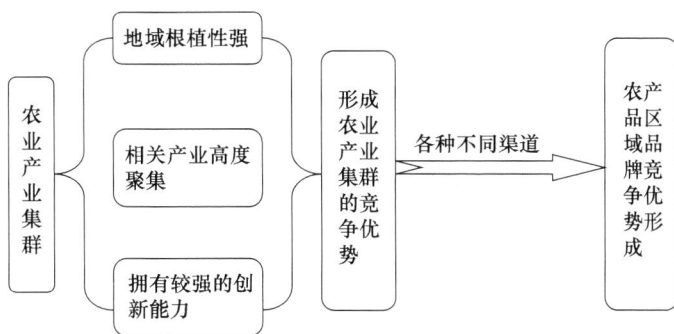

图7-4 基于农业产业集群的农产品区域品牌竞争优势来源

## 7.1.2 农业产业集群对农产品区域品牌竞争力的提升分析

综上所述,农产品区域品牌与农业产业集群之间存在着密切的关系,农业产

业集群在自身的发展壮大过程中形成并积累了大量有利于农产品区域品牌竞争优势形成的要素，如规模效应等，这些有益的要素在农产品区域品牌的发展过程中将逐渐转变为其自身的竞争优势，成为农产品区域品牌竞争力提升的不竭动力。

下文将依据农业产业集群的架构，从农业科研院所及高等院校、涉农政府部门、与农业相关的服务机构及农业产业化龙头企业这四个方面对农业产业集群提升农产品区域品牌竞争力的作用机理加以阐述。

（1）农业科研院所及高等院校。

农业科研院所及高等院校是农产品区域品牌发展，更确切地说是从事农产品加工活动的企业的"智囊团"。当区域品牌农产品大量进入市场时，必将导致市场竞争的激烈程度不断加深，若想在众多品牌中脱颖而出，拔得头筹，标新立异将成为未来农产品区域品牌发展的必然趋势。农产品标新立异的本质在于其产品本身，而农产品本身属性（如新品种的培育等）、功能（如营养成分的改变）则必须依靠科学技术。作为农业科技人员高度集中的科研机构和高等院校就成为农产品"华丽转身"的执行者。因此农业科研院所及高等院校对农产品区域品牌竞争力提升的作用不言而喻。

（2）涉农政府部门。

农业产业集群中的政府部门其政策制定者的角色功能已淡化，更为重要的职能定位是监管职能和服务职能。政府部门的监管职能主要表现在对生产者行为的规范、农产品质量的检测、监督以及农业服务机构所提供的服务是否到位等，这些方面都是农产品区域品牌建设及竞争力提升中的关键问题。政府部门的服务职能涵盖的内容较为宽泛，如提供政策咨询、解决经济主体在发展中遇到的各种问题、扶持弱小产业发展、维护正常的市场秩序等。

（3）与农业活动相关的服务机构。

农业生产经营活动的进行除起主导作用的主体外，相关辅助机构的作用也是不容忽视的。随着市场经济的发展，农业生产分工日趋细化，这直接导致了为农业提供相应服务机构的出现和发展。这些机构包括的行业繁杂，如信贷业、保险业、农业技术培训组织等。这些服务机构主要是通过作用于农业生产经营活动的主导力量，如龙头企业等以间接的方式影响农产品区域品牌竞争力的提升。

（4）农业产业化龙头企业。

农业产业化龙头企业既是农业产业集群的重要构成主体同时也是农产品区域品牌竞争优势的主要来源。作为龙头企业尤其是农产品加工龙头企业凭借自身较大的规模优势、较强的科技创新能力和丰富的产品营销经验可以促进农产品区域品牌竞争优势的加速形成。在农产品区域品牌众多、新产品不断涌现的情况下，农产品区域品牌在市场竞争中的表现将直接影响到农产品区域品牌竞争力的强弱。而龙头企业的存在将有助于改变区域品牌在市场中的不利地位，尽量规避农产品区域品牌可能面对的市场风险，使农产品区域品牌以更加良好的状态面对市场竞争，并在市场竞争中处于有利的地位，进而使其竞争力不断得以提升（见图7－5）。

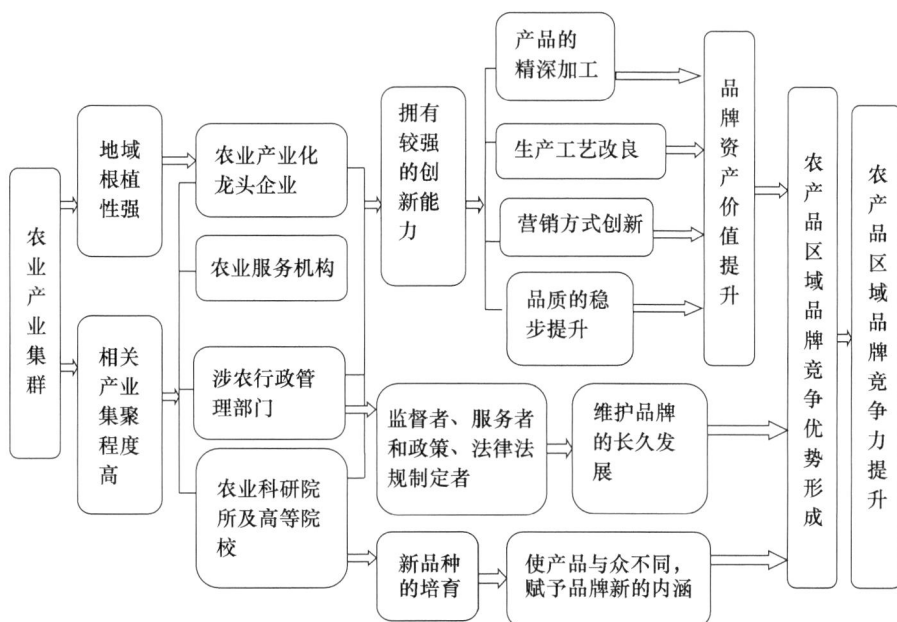

图7－5 基于农业产业集群的农产品区域品牌竞争力提升机理

# 7.2 农产品区域品牌伞策略路径

## 7.2.1 农产品区域品牌伞策略的界定

艾弗森及赫姆2008年在论文中给出了区域品牌伞的界定，认为当某一地区的名称与地区内的产品或品牌结合时，便形成了区域品牌伞。国内学者卢泰宏、吴水龙及朱辉煌将企业运用区域品牌伞的策略称之为企业—区域—产业品牌伞。

目前国内学者对农产品区域品牌还没有一个统一的定义，在此本书将选取与这一策略具有一定契合性的农产品区域品牌定义来对相关内容进行阐述。本书将沿用胡正明、蒋婷（2010）的定义，认为农产品区域品牌是指"在特定的地理环境中，以独特的自然资源及悠久的种养殖方式与加工工艺生产的农产品为基础，经过长期的积淀而形成的被消费者所认可的，并且具有较高知名度和美誉度的区域产品标志。通常以"区域名称＋农产品名称"命名，是一种特殊形态的农产品品牌。

综合上述区域品牌伞及农产品区域品牌的定义，本书采用曹艳爱（2011）的定义，认为农产品区域品牌伞为农产品区域品牌与农产品生产者的企业品牌或个别农产品品牌一起组成农产品品牌，从而产生对伞下农产品或品牌庇护与提携功能和作用的做法。因而品牌伞策略的实质就是使农产品区域品牌、农产品加工企业自有品牌和农产品加工企业所生产的产品这三者之间形成一种合作关系，而这种合作关系会产生一种近似伞状的效应，由于这种效应的形成会使得农产品品牌或者是相应的品牌产品受到一定的庇护和提携。同时，由于品牌伞自身具有品牌延伸和能够塑造全新品牌的优点，因此，企业在推出新的品牌或者产品时会优先考虑品牌伞这一重要品牌营销策略。

### 7.2.2　农产品区域品牌在区域品牌伞策略中的定位与作用

在农产品区域品牌伞策略中，农产品区域品牌是作为伞品牌或母品牌出现的，其在农产品区域品牌伞策略中具有举足轻重的地位，是这一策略能否成功实施的关键性因素。

（1）农产品区域品牌扮演着品牌驱动者和背书者两个重要的角色，可以为所有伞下品牌提供背书的功能。

农产品区域品牌驱动者这一角色的主要作用在于其可以向购买者或潜在购买者传递一种信息，即告知品牌的消费人群这一品牌农产品与其消费预期的吻合程度，并希望以此能够在购买者心中留下深刻的印象，激发消费者的购买欲望。农产品区域品牌作为品牌的背书者其主要功能在于以自身良好的品牌声誉和形象为主导品牌"担保"，加强主导品牌的传播，向购买者传递相关信息，从而使购买者的消费风险不断下降，使新的品牌能够更容易为消费者所接受。

（2）以农产品区域品牌为伞品牌，则其伞下的农产品或品牌可以享受到由母品牌所提供的庇荫功能。

农产品区域品牌不仅拥有一般伞品牌的作用和功能，除此之外，农产品区域品牌的地域独特性也可以使其所庇护的品牌农产品具有优越的品质。与此相伴随的是伞品牌的特定联想与伞下农产品或品牌的关联度以及农产品区域品牌与"伞下"农产品类别的契合度都会使消费者对区域品牌的好感与态度，很容易迁移至"伞下"农产品或品牌，并影响到消费者对伞下农产品或品牌的评价。上述都可以增强伞下农产品和品牌的可识别性，形成与竞争对手的高度差异性，从而使伞下农产品和品牌更容易被市场所接受，同时被消费者所信任。

### 7.2.3　农产品区域品牌伞策略对农产品区域品牌竞争力的提升分析

农产品区域品牌作为区域品牌伞策略的伞品牌，在新的农产品品牌的形成过程中发挥着极其重要的作用。当新的农产品品牌形成之后，其又会反作用于母品牌即农产品区域品牌，使母品牌的品牌竞争力得以提升（见图7-6）。

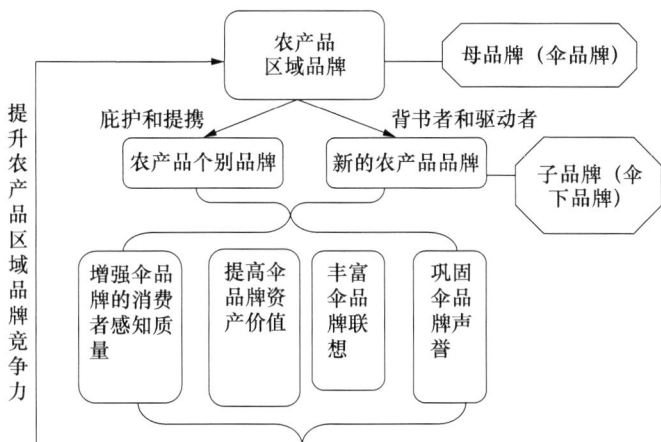

**图7-6　区域品牌伞策略对农产品区域品牌竞争力提升的作用机理**

首先，品牌竞争力与品牌资产价值之间是相辅相成的，并且两者具有高度的正相关关系。由于品牌可以提供给消费者产出产品实体功能的价值，因此品牌具有内在价值。而品牌资产价值来源于顾客，其下属品牌越多，也就意味着伞品牌服务的顾客就越多，众多消费者持续地购买品牌产品，就会不断提高品牌的资产价值。品牌资产价值越高，则其竞争力就会越强。

其次，作为品牌伞会对其下属的子品牌进行有效的保护和提携，从而使母品牌本身更加丰满，并不会因子品牌的存在而使得母品牌被混淆和淡化，反而会丰富母品牌的联想，也就是消费者在购买伞下品牌产品时会自然或不自然地联想到伞品牌，联想到伞品牌所具有的优良品质，进而会提高伞品牌的消费者感知质量，从而使消费者在选购伞下产品时也不会减少对伞品牌产品的购买，助力伞品牌竞争力的提升。

最后，作为伞下品牌所属的农产品或者是其他个别品牌的农产品都是严格按照质量标准生产出来的产品，只是由于某些原因，这些品牌进入市场时很难被市场和消费者所接受和信赖。而借助于已有的农产品区域品牌则可以使其很容易进入市场并被消费者所接纳。因此，从本质上说伞品牌旗下的子品牌不但不会影响伞品牌的声誉，反而可以凭借自身良好的质量使得伞品牌的声誉得以不断巩固，从而使伞品牌的竞争力得以提升。

# 7.3　蒙古族民族特色的品牌形象构筑之路

### 7.3.1　品牌形象的界定

自大卫·奥格威（David Ogilvy）提出品牌形象（Brand Image）以来，品牌形象的研究得到了巨大的发展。关于品牌形象的界定，不同学者提出了不同的观点，阿克和贝尔（1993）认为，品牌形象是消费者头脑中与某个品牌相联系的属性集合和消费者记忆中关于品牌的所有联系的总和。阿克（2000）同时指出，品牌形象是采用一些有意义的方法组织的一系列的联想。帕克等（1980）提出，品牌形象产生于营销者对品牌管理的理念中，品牌形象是一种品牌管理的方法，他们认为任何产品或服务在理论上都可以用功能的、符号的经验要素来表达形象。科特勒认为品牌形象是对特定品牌所持有的一组信念。Kapferer 和 Jean－Noel（1992）认为品牌形象是消费者对品牌符号进行解码、提炼和自我解释的结果。赵亚翔等（2012）则认为品牌形象是指消费者心目中以品牌的能指（或者符形）特别是品牌的名称为核心记忆节点的所指（或符释）结构。

综合上述有关品牌形象的定义，可以发现虽然学者们的观点有所不同，但其中包含着一些共性的内容：一是品牌形象的作用对象是消费者；二是品牌形象可以用某些符号或图形表达出来；三是品牌形象是消费者对特定品牌的联想、记忆或信念；四是品牌形象的最终目的就是使消费者认识并最终接受该品牌的产品。

### 7.3.2　品牌形象对农产品区域品牌竞争力的提升分析

品牌形象是消费者的主观意识中留存的关于品牌的有限的记忆，品牌形象对农产品区域品牌竞争力的影响主要通过如下几个方面来体现。

（1）品牌形象能够增强消费者的购买意愿。

由于农产品的特殊性，消费者在选购产品时很难获得有关产品的详细信息，由此提高了消费者的感知风险，此时若能创建良好的品牌形象，并将其作为产品质量的保证，则能有效地提高消费者对产品质量的感知，从而可以有效地规避降低消费者的感知风险。而随着感知风险的减弱，消费者的购买意愿必然增强，重复购买率也会不断提高，从而可以培养众多热衷于消费该品牌产品的忠实顾客。随着接受区域品牌农产品为其提供服务的消费者数量的增加，则该品牌的资产价值会不断攀升，品牌竞争力的提升也就成为必然（见图7-7）。

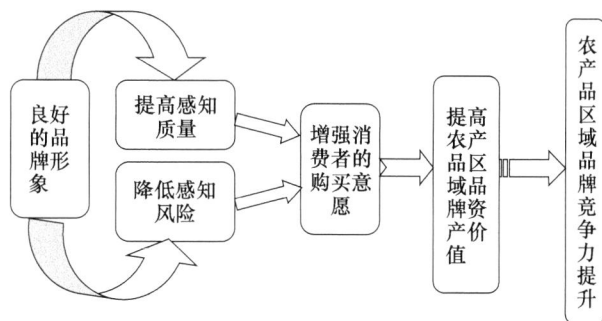

图7-7　品牌形象对农产品区域品牌竞争力的提升作用

（2）品牌形象能够使农产品区域品牌获得独特的市场地位。

消费者在选购农产品时，在市场上面对的是众多的品牌，此时独特且富有丰富内涵的品牌形象将会使该农产品品牌从众多品牌中脱颖而出，而拥有良好品牌形象的农产品品牌又可以借此使其旗下的产品同其他品牌旗下的农产品相区别，从而可以使消费者对自身品牌的产品留下良好的印象，更可以巧妙地在消费者头脑中占据十分有利的地位。从而使自己的产品能够得到众多消费者的信任与青睐，以便在激烈的市场竞争中获得独特的市场地位，拓宽产品的市场份额，提升品牌的竞争力。

（3）品牌形象是一种有力的竞争工具。

品牌形象自提出以来其研究取得了巨大的发展，品牌形象已被视为可获得持续性竞争优势，并成为避免削价竞争的有力工具。经营成功的品牌有属于自身的品牌形象，能与其竞争对手的品牌产生明显的对比，同时可以打消消费者在选购商品或享受服务时的顾虑，提升消费者的消费信心，增强消费者的购买意愿，提高消费者对品牌产品的忠诚度。农产品作为一种特殊的商品，其产品附加值与工业产品相比仍处于较低的水平。因此，以降低农产品的价格作为主要的竞争手段，对于农产品而言并不是明智之举。鉴于品牌形象所具有的上述特点和功能，较为适合农产品这种产品附加值仍很有限的产品，从而可以将其作为农产品区域品牌在激烈的市场竞争中立于不败之地的有力武器。因此，品牌形象自然就成为提升农产品区域品牌竞争力的有效途径之一。

# 7.4 本章小结

本章以前文的分析和评价结果为依据，从中找出内蒙古农产品区域品牌竞争力提升过程中最为薄弱的环节，并结合内蒙古的实际情况，对可能提升内蒙古农产品区域品牌竞争力的路径进行了深入的分析。分析认为，第一，内蒙古拥有丰富的且呈现出地域集中分布的农牧业资源，这就为农业产业集群的发展提供了基础，而农产品区域品牌与农业产业集群关系密切，因此，借助农业产业集群的发展来提升农产品区域品牌竞争力就成为可能。第二，内蒙古个别农产品区域品牌的良好发展，则为区域品牌伞策略的实施提供了前提。第三，独具特色的蒙古族民族文化成为构筑具有深刻文化内涵的农产品区域品牌形象的根基。由此，本章最后明确提出发展农业产业集群、农产品区域品牌伞路径以及构筑蒙古族民族特色的品牌形象三个能够提升内蒙古农产品区域品牌竞争力的有效路径。

# 8

## 内蒙古农产品区域品牌竞争力提升策略

本章将对第 7 章所提出的内蒙古农产品区域品牌竞争力提升路径的具体实施提出相应的对策及建议。这些对策与建议也涵盖了如何增强和完善本书第 5 章中所指出的在内蒙古农产品区域品牌竞争力提升中比较薄弱方面的策略。

## 8.1 基于农业产业集群的内蒙古农产品区域品牌竞争力提升策略

可以通过发展农产品加工产业集群、增强农畜产品加工产业集群竞争优势、培植农牧业产业化龙头企业集群等方式提升内蒙古农产品区域品牌的竞争力。

### 8.1.1 大力发展以农产品区域品牌为依托的农产品加工产业集群

内蒙古现有的农产品区域品牌中以蔬菜、粮油类品牌最多，占所有品牌的57.4%，这说明内蒙古的蔬菜、粮油资源丰富且呈现出一定的地域集中性。因此，这类农产品区域品牌竞争力的提升应该放在首位。鉴于上述品牌所具有的地域分布的集中性，为内蒙古大力发展蔬菜、粮油类农产品加工为主的产业集群奠定了基础。例如，以乌兰察布为依托的马铃薯加工产业集群、以武川为依托的莜麦加工产业集群等。这类农产品加工产业集群不仅能够使内蒙古各地区丰富而独具特色的蔬菜、粮油类农业资源得以充分利用，同时也可以提高农产品区域品牌产品的精深加工程度，增加品牌产品的附加值，提高品牌自身的资产价值、品牌知名度和影响力，进而改变原有的以初级产品形式进入市场、获益不高、品牌竞争力不强的局面。

这一类型农业产业集群的发展同样需要相应政策的扶持，如开展农畜产品初加工的认定工作，制定农畜产品初加工的优惠政策并将其落到实处；鼓励农畜产品加工龙头企业结合自身的实际情况，在条件允许的情况下合理发展农畜产品的精深加工，延伸产业链，增加农产品附加值；支持龙头企业适当引进国内外先进的生产加工设备，提高企业的装备配置；对"龙头企业 + 专业合作社 + 农牧户"这一模式下在产地进行农畜产品加工的基础设施建设和生产设备的购置进行扶持等。

### 8.1.2 增强农畜产品加工产业集群的竞争优势

从关于农业产业集群提升农产品区域品牌竞争力的机理分析可以看出，农业产业集群竞争优势最终会成为农产品区域品牌竞争优势的主要源泉。由此可以认为，农业产业集群竞争优势的提升必将使农产品区域品牌的竞争优势随之提升，从而达到提升农产品区域品牌竞争力的目的。

对于内蒙古来说，其农产品加工产业集群竞争优势的提升可以从以下几个方面来着手进行：

（1）以科技创新为手段，提高内蒙古农产品加工企业综合实力。

农产品加工企业作为农业产业集群的重要主体，对整个集群的发展起着至关重要的作用。目前，内蒙古加工企业总体上规模不大，实力不强，品牌建设薄弱，因此导致自治区农畜产品加工业发展水平较低，突出表现在产业链条短，农畜产品加工率低，只有56.1%，深加工农产品不足20%，相较于发达国家90%以上的农产品加工率和80%以上的深加工农产品，内蒙古的初加工产品多，延伸加工的高端产品和终端产品少；大路货多，高科技含量、高附加值产品少。要改变这一现状必须依靠科技创新。科技创新不仅是企业核心竞争力的源泉，是企业未来发展的不竭动力，更是产业集群竞争优势形成的基础。在产业集群的发展中应鼓励并支持内蒙古的农畜产品加工龙头企业申请使用国家各项与农业科研项目研发相关的资金，鼓励和扶持龙头企业组建自己的农牧业研发中心，增加农牧业科技经费的投入，同时自治区级的科研经费也应该适度地向龙头企业倾斜。力争攻坚克难，突破一批农牧业重大关键技术，建立农牧业科研成果的转换平台和机制，增加科技成果对内蒙古经济发展的贡献率。选取一批科技实力雄厚的龙头企业作为"示范"企业，通过对其进行大力的扶持，提升企业的创新能力，增强企业的综合竞争力。鼓励其在充分利用自身资源的同时开展其他各种资源的收集和利用，并凭借自身的研发能力去申请专利或登记注册农产品地理标志，一旦成功自治区科技厅应给予一定额度的奖励。

（2）建立"政、产、学、研"互动机制，营造农产品区域品牌持续健康发展的氛围。

农业产业集群所具有的农业相关产业的高度聚集为"政、产、学、研"互动机制的构建创造了十分便利的条件。从而为"政、产、学、研"互动机制的建立创造了良好的条件。内蒙古拥有内蒙古农业大学、内蒙古科技大学、内蒙古大学、河套大学、赤峰学院、呼伦贝尔学院等多所综合性高等院校，有内蒙古社会科学院、内蒙古农牧业科学院等多家农业科研机构以及设立在各个地区相应的农业行政管理部门如农牧业局（厅）、科技厅（局）等。这就为内蒙古农产品加工产业集群"政、产、学、研"互动机制的建立提供了充足的智力资源。这一机制的建立将企业、政府、科研机构和高等院校纳入一个共同的网络体系中，在这个体系中，不同的主体从自身的角度出发来共同探讨并解决内蒙古农产品区域品牌发展及竞争力提升中亟待解决的问题，为内蒙古农产品区域品牌的持续良好发展及其竞争力的提升出谋划策，营造出一个适宜农产品区域品牌发展的氛围。

（3）改善信贷环境，加大资金投入力度。

为了促进农产品加工企业的发展，政府应该努力改善信贷环境，加大财政资金投入力度和金融支持力度。

第一，加大财政资金投入。资金问题是制约农牧业产业化发展的重要因素，为破解这一"瓶颈"，自治区各级财政应通过多种渠道整合和统筹各类支农支牧资金，对农牧业产业化专项资金加大投入力度。自治区财政应选择产业基础雄厚、发展前景较好的牛羊肉产业进行重点的资金投入和政策扶持，重视农牧业产业化示范基地的创建和建设，重点扶持带动能力较强的基地内龙头企业用品牌、创品牌，以促进农牧民增收。设立农牧业产业化奖励基金，鼓励支持龙头企业申请注册国家级和自治区级的各种商标，积极开展"三品一标"认证工作，深入贯彻实施商标富农工程。

第二，加大金融支持力度。金融机构应针对当前自治区农牧业生产的特点，创新农村牧区金融产品；发展各种形式的质押贷款，拓展信贷资金来源加快内蒙古农牧业投融资公司建设步伐，支持鼓励有能力的保险公司开发针对农畜产品种植和养殖的商业性险种；倡导保险公司与金融机构共同建立银保互动机制，破解农村牧区"贷款难"这一"瓶颈"问题。建立健全企业风险补偿机制，并设立专项基金，支持和鼓励有实力、符合要求的涉农涉牧龙头企业上市融资或发行企业债券筹资。

（4）大力扶持配套型中小企业发展。

配套型中小企业是农牧业产业化经营的有益补充，亦是龙头企业发展的辅助部门。在贯彻落实国家及自治区政府出台的鼓励中小企业发展政策措施的同时，也可以在资金配置、税收、金融等多个方面给这些中小企业以扶持。使其规模不断发展壮大，既能够更好地为集群中的龙头企业提供服务，其发展方向又能够始终与农业产业集群的发展目标相一致。

### 8.1.3　培植农牧业产业化龙头企业集群

在今后的工作中，自治区政府应结合区情和企业多年服务"三农"、"三牧"工作实际情况，由自治区政府牵头，充分整合行业、企业、金融部门资源，建立市场化运行机制，走资源与资本相结合道路，以资本为杠杆，激活内蒙古优质的农牧业产业资源，以培植龙头企业带动农产品区域品牌的建设与发展。同时，通过资本的力量，激活区内优质的农牧业产业资源，打造继乳业之后的更多农牧业产业化龙头企业，从而带动农产品区域品牌的创建，促进自治区经济的发展，实现富民强区的目标。要达到以上目标，一要组建农牧业产业发展基金，用于扶持中小企业发展初期的资金投入。二要组建农牧业产业担保基金，用于龙头企业发展过程中的融资问题，解决金融部门融资担保问题。三要组建农牧业保险基金，用于规避农牧业行业的特定风险。

### 8.1.4　引导企业助推农产品区域品牌竞争力提升

企业是农产品区域品牌竞争力提升的有力抓手，农产品区域品牌又是推动企业不断发展壮大的重要无形资产，是企业价值的重要来源。两者相互依赖、相得益彰。因此，对于农产品区域品牌竞争力的提升，作为企业责无旁贷，为此企业应该做好以下工作：

（1）积极使用农产品区域品牌。企业在品牌建设中不仅要积极参与品牌的创建，更应该对已有品牌积极申请使用权，企业对品牌的使用一方面可以使企业借助农产品区域品牌的知名度和美誉度，增强自身的影响力，增加企业收益；另一方面品牌也可以借助企业的发展增加品牌价值，提升竞争力。在企业使用农产品区域品牌的同时，可以考虑将农产品区域品牌转换为企业品牌，即将农产品区域品牌纳入企业品牌的体系中，由企业来进行品牌的运营和管理，这样既可以获得更多的品牌资产价值又可以化解品牌"公地悲剧"的厄运。

（2）打破地域界限，增强区域品牌农产品的地域流动性，开拓市场范围，抢占更大的市场份额。企业拥有强大的产品流通网络，借助这个网络可以将更多本地知名的农产品区域品牌销售到其他地区，开拓更为广阔的市场空间，从而打破区域品牌农产品地域界限，为企业和农产品区域品牌赢得更大的市场份额。

（3）注重品牌建设。龙头企业在使用农产品区域品牌的过程中也应注重品牌的建设。从品牌的内涵建设到品牌形象的设计与维护，企业都应该主动地参与其中，凭借自身在品牌经营管理方面的经验为农产品区域品牌注入新的活力。

（4）加强市场营销。龙头企业在市场营销中拥有得天独厚的优势，因此应鼓励和引导企业积极参与本地区、自治区、全国乃至全世界的农畜产品交易公共信息平台、现代物流中心的建设，以此获知更多的与区域品牌农产品发展相关的信息。同时，应支持龙头企业巩固、健全已有的营销网络，积极开拓新的营销渠道，带动区域品牌农产品的销售；大力发展农超对接，使区域品牌农产品直接进入超市进行直供直销。鼓励龙头企业积极参加各种形式不同级别的农畜产品博览会，将农产品区域品牌推广到其他地区。

（5）开拓国际市场。进入国际市场是每一个农产品区域品牌发展的终极目标，但是国际市场的竞争与国内相比更为残酷。为了使农产品能够迈出国门走向世界，龙头企业应努力开拓国际市场。具体采取何种方式去实现这一目的，则应根据龙头企业自身的情况来加以选择，如扩大区域品牌农产品的出口、开展境外投资合作等。

### 8.1.5　建立健全具有区域特色的农产品质量管理体系

产品是品牌的载体，品牌的形成是以产品的存在为前提的，因此品牌经营的核心在于产品本身，这是所有成功品牌所必须遵循的原则。由此，从农产品区域品牌的长远发展和参与市场竞争的需要出发，建立一套符合区域特色农产品实际的农产品质量标准体系势在必行。立足于内蒙古的实际情况，农产品质量管理标准体系的建立应着重从以下几个方面来着手进行。第一，建立健全区域品牌农产品质量标准体系。应组织有关专家因地制宜针对内蒙古现有的农产品质量标准体系中存在的不足，尽快着手制定符合不同地区农畜产品实际又与国内外相衔接的农畜产品质量标准及生产技术规范，全面推进内蒙古特色农畜产品的标准化生产。第二，应建立完善的农畜产品质量安全监测体系，应在对现有质量检测资源进行整合并充分利用的前提下，进行统筹规划，对各检测机构的检测职能进行更为细致明确的专业分工，通过市场对检测资源进行更为合理的优化配置，在各个盟市分别建立市级、县级以及基地、企业三级检测机构，并根据具体的条件为上述检测机构配备相应的检测仪器和设备，从而形成从上至下的农牧业投入品、农畜产品生产和农业生产环境等较为完整的全程监测网。第三，建立农畜产品质量认证体系。以国家相关部门以及地理标志农畜产品质量认证和评价标准为依据，组建跨部门、跨行业的专门机构，对农畜产品质量认证进行统一的管理、监督和协调，同时为了避免不同机构和部门对某些农畜产品重复认证、检验的现象发生，应建立内外一致、统一规范的认证工作体系。另外，为保证认证市场的良性发展，确保认证的公平、公正，必须对从事认证及与认证相关业务机构的资质进行必要的依法检查和监督。第四，应推行"原产地命名控制"体系。这一体系的推行对区域特色农畜产品的保护是一种强有力的法律手段。这一体系的推行要求从农畜产品的生产、加工、储存、销售等每一个环节都要建立可查询的信息网络，建立可追溯的制度体系，并对某一地域内农畜产品的生产、种植、加工等环节都应制定严格的技术标准。

# 8.2 实施内蒙古农产品区域品牌伞策略路径的措施

内蒙古在实施农产品区域品牌伞策略时可以采取的措施有选准伞品牌和区域品牌伞策略的实施主体、采用适宜的区域品牌伞策略路径、制定解决伞品牌与企业品牌冲突的有效机制、加大农产品区域品牌伞的宣传力度、强化作为伞品牌的农产品区域品牌的维护与管理及培育良好的品牌生态环境等。

### 8.2.1 选准伞品牌和区域品牌伞策略的实施主体

伞品牌是区域品牌伞策略能否成功实施的关键性因素之一。内蒙古拥有丰富的农牧业资源，造就了很多具有地域特色和民族特色的农产品区域品牌，但是并不是所有的区域品牌都能够成为母品牌或伞品牌。只有那些在内蒙古乃至全国品牌声誉、品牌形象较好，知名度较高，品牌基础实力雄厚且具有进一步开发潜质，消费者重复购买率高的农产品区域品牌才适合作为区域品牌伞的母品牌。同时，在选择母品牌时还要结合所要创立品牌农产品的具体情况来进行。从新产品的角度来说，一般应选择与其具有一定契合度且类别相同的农产品区域品牌作为伞品牌，这样运用区域品牌伞策略的效果最佳。从内蒙古农产品区域品牌在全国农产品区域品牌价值评估中的表现以及现有品牌在内蒙古的知名度、美誉度、种植规模、生产销售情况等方面综合起来看，本书认为，武川土豆、乌兰察布马铃薯、扎兰屯葵花、河套番茄、乌海葡萄、武川莜麦等农产品区域品牌比较适宜作为农产品区域品牌伞策略中的母品牌或伞品牌。

另外，与农产品区域品牌的建设不同，区域品牌伞策略的实施通常是由农业生产企业来完成的。由于区域品牌伞策略是一种非常普遍的营销实践，因此这一策略较为注重营销效果和效率，因此从这一角度来说，企业是最佳的实施主体。

### 8.2.2 采用适宜的区域品牌伞策略路径

内蒙古农业生产企业的情况千差万别、各有不同，因此在实施农产品区域品牌伞策略时，企业应根据自身的实际情况，选择适宜的实施路径。一般来说，企业采用农产品区域品牌伞策略时有四条路径可供选择，即独立的区域品牌路径、强背书的区域品牌路径、同等背书的区域品牌路径和弱背书的区域品牌路径，每一种路径都有其自身的含义（见表8－1）。因此，内蒙古的农业生产企业应该在深入理解每一种路径含义的基础上选择合适的路径来实施农产品区域品牌伞策略。随着内蒙古农产品区域品牌的不断发展，人们对农产品区域品牌的认识也在逐步深入，品牌意识也越来越强。因此，本书认为采用独立的区域品牌路径和强背书的区域品牌路径较为合适或大多以独立的区域品牌路径和强背书的区域品牌路径为主。进而强化农产品区域品牌在伞策略中的地位，并带动伞下品牌的发展。

表8－1 农产品区域品牌伞策略的路径

| 农产品区域品牌伞路径 | 含 义 | 区域品牌 | 个别品牌 |
|---|---|---|---|
| 独立的农产品区域品牌 | 农产品区域品牌直接作为农产品品牌而不给农产品树个别品牌 | 有 | 无 |
| 强背书的农产品区域品牌 | 农产品区域品牌与个别品牌结合在一起，共同组成农产品品牌，但两种品牌的地位不同：区域品牌被强化的同时弱化个别产品品牌 | 有且强化 | 有但弱化 |
| 同等背书的农产品区域品牌 | 农产品区域品牌与个别品牌结合在一起，共同组成农产品品牌且二者地位同等重要 | 有 | 有 |
| 弱背书的农产品区域品牌 | 农产品区域品牌与个别品牌结合在一起，共同组成农产品品牌，但两种品牌的地位不同：弱化区域品牌，同时强化个别产品品牌 | 有但弱化 | 有且强化 |

资料来源：曹艳爱. 论农产品区域品牌伞策略背书效果的影响因素 [J]. 嘉应学院学报（哲学社会科学），2010（10）：46－50.

### 8.2.3 制定解决企业品牌与伞品牌冲突的有效机制

内蒙古农业经济发展滞后，生产者参与市场竞争意识不强；在参与市场竞争时，大部分企业目光短浅，往往将获得短期效益作为生产经营的最终目的，而忽视长期收益的获得。示信效应说明，企业若想获得短期收益仅仅依靠产品质量形象即可，但是若想获得持久的收益则必须依赖于产品的实际质量，因此，企业管理者的价值取向对于企业未来的发展而言是至关重要的影响因素之一。如果管理者注重企业未来的收益，则会更倾向实施品牌的差别化战略；而如果管理者过于看重短期收益，则农产品区域品牌伞策略的运用更恰到好处。从内蒙古目前的农产品市场状况来看，内蒙古农业企业中有更多的管理者倾向于以迅速推出新产品获得短期收益为首要目标。所以即使在农产品区域品牌伞策略实施初期企业会获得一定的经济效益，但对于企业未来的发展来说，如果日益壮大，则必然会面临企业品牌与品牌伞冲突的问题，因此有必要在企业实施区域品牌伞策略之初就制定相关的解决上述问题的机制，以保证区域品牌伞策略的有效实施。

### 8.2.4  加大农产品区域品牌伞的宣传力度

（1）借媒体之力促品牌推广。

对农产品区域品牌的宣传推广，一方面可以使更多的消费者了解和熟悉来自内蒙古的农产品区域品牌；另一方面可以通过这些品牌让内蒙古走向世界，让世界透过这些品牌来了解内蒙古。可以通过在内蒙古各种媒体，如广播、电视、报纸、杂志以及网络上投放广告的形式来对农产品区域品牌进行全方位的宣传，扩大农产品区域品牌的知名度。此外，内蒙古还可以借鉴其他省份的做法，以重要的新闻事件和历史故事来宣传品牌。在这方面内蒙古具有很大的优势，只是未曾开发利用而已。例如，2013 年 6 月神舟十号航天员落地后的第一顿饭的菜谱中就有清炖羊肉，这道菜正是以内蒙古农产品区域品牌"四子王旗杜蒙羊"为食材的。这一事件如果能够好好地加以利用，必定会使"四子王旗杜蒙羊"这一品牌声名鹊起，品牌竞争力自然会随之提升。

（2）大力发展以农产品区域品牌为主体的会展、农事节庆活动。

会展和农事节庆活动的举办，不仅可以使更多的人了解内蒙古的农产品区域品牌，同时可以借助这一平台使内蒙古的品牌与其他省市的品牌进行建设方面的经验交流，相互学习。同时，也可以通过会展和农事节庆活动的举办，增加当地的经济收入，可谓"一举三得"。从内蒙古目前现有的会展经济发展状况看，重新打造新的以农产品区域品牌为主体的会展活动并使其在短期内具有一定的知名度并不容易。因此，本书认为，可以在内蒙古现有的会展活动中逐渐增大农产品区域品牌所占的比例。例如，在内蒙古国际农业博览会中单独设置农产品区域品牌展区，并诚邀全区、全国的品牌来参展。依照这样的方式，待到这些会展中农产品区域品牌的展览逐渐成熟后，再将其独立出来形成一种新的会展形式。对于农事节庆活动同样可以采取这样的模式来进行具体操作。

### 8.2.5  强化作为伞品牌的农产品区域品牌的维护与管理

作为农产品区域品牌最佳管理主体的行业协会，在农产品区域品牌建设及其竞争力提升中具有十分重要的地位。具体来说，第一，作为一种非营利性的组织机构，其组织性较强，能够将进行分散生产的个体农户聚集在一起，从事规模化、标准化以及特色化生产，并对其进行相应的技术指导，在产品的市场销售等方面也能够比单独的农户具有更大的竞争力。第二，行业协会是介于市场与政府之间的桥梁，更易于与市场接轨，可以根据市场的动向及时制定行之有效的品牌发展策略。对于农产品区域品牌而言，在其发展的不同阶段，其参与主体的地位及重要性会随之发生改变。一般来说，在农产品区域品牌的创建时期，政府处于主导地位，是直接关系到品牌能否创建成功的重要因素，但是当农产品区域品牌进入发展时期之后，政府部门的作用开始逐渐减弱，此时其将让位于行业协会或是农业产业化龙头企业，尤其是行业协会将成为这一时期的主导因素。因此，行业协会不仅担负着实现对农产品区域品牌的宣传、推广，同时必须紧跟市场变化对农产品区域品牌未来的发展方向进行适时的调整，以使得农产品区域品牌更好地适应市场需求的变化。

由于内蒙古相关政府部门过分注重农产品区域品牌的创建而忽视品牌创建后的维护与管理，这也成为内蒙古农产品区域品牌竞争力水平不高的原因之一。因此，为了改善这一局面，作为农产品区域品牌创建主要主体的行业协会应切实履行起对已有农产品区域品牌的维护和管理工作。

（1）加强对品牌使用者的监督。

要在现有法律法规的基础上，制定明确针对品牌使用者行为的规范。通过这些规范的制定明晰品牌使用者的权利，更要说明品牌使用者应尽的义务，并明确指出品牌使用者的哪些行为是不利于品牌发展的，对相应行为的出现也要制定惩罚的措施，而对于有利于品牌发展的行为也应该给予适当的奖励。只有赏罚分明，才能激励和督促品牌使用者对品牌进行维护和正确的使用。

（2）制定品牌产品的生产标准，严格监控农产品质量。

品牌产品行业协会应根据农产品的品质特点，制定具有针对性的生产标准，并要求品牌使用者严格按照这一标准进行生产，从而使品牌农产品的质量得到保障。

（3）对生产者进行技术培训，从源头控制产品质量。

对品牌农产品的生产者进行基本的生产技能培训。一是请专家讲解。定期将相关产品的生产专家请到田间地头给生产者讲解技术知识。二是请身边的种植能手现身说法，促使大家跟着学。三是请科技人员进行集体培训。通过上述方式来提高生产者的技术水平，从源头上对农产品质量进行掌控。

（4）制定品牌的使用规范。

行业协会应对品牌的标识、品牌的形象、品牌的宣传进行统一，从而使这一品牌对外有一个统一的形象，以避免对消费者产生误导。

（5）建立品牌产品的统一营销方式，杜绝"公地悲剧"的发生。

行业协会可以在农产品区域品牌的市场培育和销售行为引导上，统一品牌产品的营销方式，引导品牌销售者对销售市场进行合理划分，实施区域管理。避免"假冒伪劣"现象的发生，最大限度地维护农产品区域品牌的声誉。

### 8.2.6　培育良好的品牌生态环境

品牌的成长需要培育良好的生态环境，尤其是对于农产品区域品牌的成长而言，品牌生态环境的良性发展则尤为重要。农产品区域品牌与企业品牌相比，其经营管理主体无论是在品牌运营还是品牌的维护与管理方面与企业相比都存在着一定的差距，而这一点在内蒙古这样的农业经济相对落后的地区则表现得更为突出。因此，为确保农产品区域品牌的持续发展，培育适宜其发展的品牌生态环境势在必行。鉴于农产品区域品牌所具有的准公共物品的属性，内蒙古要营建品牌生态环境，加强品牌生态环境的建设，政府部门必须首先针对品牌生态环境的培育统一规划，制定统一政策。

首先，利用市场力量，强化品牌生态环境建设意识。品牌生态环境强调品牌的贡献、价值和态度等内容，而贡献、价值和态度与品牌的利益相关者密切相关，他们通过利益相关者来体现和赋予品牌新的内涵，从而使品牌的消费深度和空间能够得以大大拓展。因此，强化品牌生态环境建设意识至关重要。由于内蒙古经济发展落后，人们的市场意识不强，对品牌生态环境的认识也很有限。所以，政府部门应该通过各种渠道、各种方式使农产品区域品牌的利益相关者认识到品牌生态环境培育对人对己的好处，使其增强品牌生态环境的创建意识，并积极参与其中。

其次，明确农产品区域品牌所有利益相关者，绘制品牌生态环境关系图。明确农产品区域品牌的所有利益相关者，才能有的放矢，找出品牌生态环境中重要的因素。在对品牌所有利益相关者进行罗列的时候，政府部门应广泛征求各方面的意见，如企业、农产品行业协会、农户、种植基地和最终消费者等。在具体操作过程中可以参照企业创建品牌生态环境的做法，如伊利和蒙牛这两大乳品企业的经验就很有参考价值。随着更多企业对农产品区域品牌的创建和使用，政府部门可以考虑将这项工作交由相关的企业来完成，政府部门可以进行辅助。

最后，制定品牌策略，设计品牌策略共同系统。内蒙古现有的农产品区域品牌大多是由农产品行业协会来负责其日常经营管理工作，由于这些行业协会缺乏品牌运营的经验，所以，在品牌生态环境的建设中，政府部门必须辅助农产品行业协会来制定其所管理的农产品区域品牌的品牌发展策略，通过制定相关策略使利益相关者知道品牌的发展计划和所追求的目标，并借此得到利益相关者的支持和帮助，尤其是在品牌出现危机的时候。同时还要设计一个涵盖其他品牌的策略共同系统，使农产品区域品牌在不失去过去创造能力、重视现实的基础上，拥有开创未来的能力。

## 8.3 蒙古族民族文化背景下的内蒙古农产品区域品牌形象构筑策略

内蒙古自治区是一个多民族聚居的，以蒙古族为主体的少数民族地区。在第六次全国人口普查中，内蒙古蒙古族人口占全区总人口的比重为17.11%。内蒙古蒙古族人口聚居程度很高，集中了全国蒙古族人口总数的近80%。蒙古族是一个历史悠久而又富于传奇色彩的民族，千百年来蒙古族过着"逐水草而迁徙"的游牧生活，他们居住的蒙古包、独特的饮食文化与服饰以及那些气势磅礴的民族歌舞，不仅是中国少数民族文化的重要组织部分，同时也是草原旅游最大的亮点。可以说在内蒙古到处都流露着浓厚的蒙古族独有的民族文化。农产品区域品牌正是在这样的文化底蕴中不断形成和发展起来的，而对于品牌形象构筑这样一种独特的民族文化特质则是其中必不可少的构成元素。因此，本书认为内蒙古农产品区域品牌形象的塑造应以地缘性文化即蒙古族民族文化为重点来展开，在彰显民族特色的同时达到塑造独具特色的农产品区域品牌形象的目的。

### 8.3.1 明确品牌形象塑造主体

农产品区域品牌与企业品牌不同，其创建工作一般是由农产品行业协会和政府部门来完成的，但是使用者通常是不同规模的农产品加工企业。由此在进行农产品区域品牌形象构筑时必须首先明确塑造主体。鉴于农产品区域品牌的特殊性，本书认为应该以企业为塑造主体同时由行业协会辅助来完成农产品区域品牌的形象塑造。企业在品牌的营销、形象设计及品牌传播宣传方面具有明显优于行业协会的优势，更能直接抓住消费者的消费心理和需求，因此理应成为农产品区域品牌形象塑造的主体。而行业协会作为农产品区域品牌的创建主体，对于品牌的形成与发展有着维护与促进的作用，两者的有机结合更有助于农产品区域品牌形象的成功塑造。

### 8.3.2 将蒙古族传统民族文化融入品牌形象

品牌是一种无形资产，很难被消费者所感知，因此需要品牌形象对其进行必要的有形展示，借助品牌形象不仅能够使消费者真实感觉到品牌的存在及其价值，更可以让消费者对品牌的内在形象尤其是品牌内在的独具特色的品牌内涵有更深入的了解。因此，品牌形象构筑的关键性步骤就是赋予品牌形象丰富的内涵。蒙古族民族文化博大精深，其内涵亦十分丰富。例如，众所周知的令人心驰神往的内蒙古大草原，就是蒙古族传统文化中浓墨重彩的一笔。蒙古族的草原文化拥有丰富而深刻的内涵，是蒙古族人民日常生产和生活的凝结与升华，祭敖包、奶茶、手把肉、蒙古包、马奶酒等都是草原文化的物质体现。而作为蒙古族生活的自然环境的草原也塑造了蒙古族人民豪迈、奔放、热情、勇于开拓的民族性格。蒙古人与自然的和谐，使草原成为世代蒙古人的天堂。在蒙古族草原文明的感召下，人们纷纷到内蒙古来体验这独特的草原文化。而这仅仅是蒙古族传统文化的冰山一角。也正是这一片草原，使四子王旗的牧民与神舟飞船有了"亲密接触"，结下了不解之缘。

除此之外，蒙古族还有很多有价值、有深刻内涵的民族文化值得我们去发现。因此应该深入挖掘蒙古族民族文化的丰富内涵，找出其中可以与农产品区域品牌文化相融合的方面，并以此为基础作为农产品区域品牌形象内涵的重要诠释。只有这样构筑起的品牌形象才能带给消费者独特的文化享受，从而给消费者留下深刻的印象，并成为该品牌的忠诚购买者。

### 8.3.3 进行品牌形象设计时凸显民族文化元素

学者们对品牌形象的界定往往是较为抽象的，但是在具体的实践应用中品牌形象必须有相应的物质载体才能使农产品区域品牌得以展现在消费者面前。品牌形象设计就是对品牌形象的具体化。从商业设计角度讲，农产品区域品牌形象设计可以分为基础部分和应用部分，基础部分包括品牌标志、品牌标准字、品牌标准色、品牌辅助图形以及组合规范等；而应用部分则包括事务用品、宣传册、广告、包装、网站、商业展示环境等。对于内蒙古而言，必须重视农产品区域品牌的形象设计，并且在设计时能够将蒙古族的民族文化元素恰当地植入品牌形象设计的基础部分和应用部分中，并使其处于主导地位，以显示区域品牌所来自的特定地域和所具有的民族特色。进行具体形象设计时，可以将蒙古族的语言、文字、服饰、乐器等蒙古族特有的标志融入农产品区域品牌的形象设计构图中。为了更好地实现上述目的除了需要请专门从事品牌设计特别是为农特产品进行商业设计的专业人员来完成，同时应该对农产品区域品牌的形成与发展进行深入而细致的调查分析，找出品牌最具特色、最能吸引消费者的因素提炼出来，作为品牌形象设计的主要诉求。另外，形象设计不宜太复杂，应具有广泛的适应性，以便能被不同地区的消费者所接受。

### 8.3.4 强化农产品区域品牌的品牌形象宣传

农产品区域品牌形象设计完成后，应通过不同的传播渠道对其进行宣传，尽快为广大消费者所知晓。在宣传时应以农产品区域品牌本身所蕴含的民族文化底蕴为着力点，尽量采用符合这一亮点的宣传方式、宣传语言来进行品牌的传播。除了以现代媒体作为宣传的手段外，还可以通过具有地域特色的会展形式来进行宣传。目前内蒙古具有一定影响力的且涉及农产品的会展形式有内蒙古国际农业博览会、内蒙古绿色食品交易会和内蒙古特色农产品展销会等。此外，还有像昭君文化节、那达慕大会等这样的民族文化盛会也可以作为农产品区域品牌形象宣传的有效途径。

### 8.3.5 积极维护农产品区域品牌的品牌形象

由于在农产品区域品牌形象中融入了大量的民族元素，因此对品牌形象的维护就显得十分重要。因为一旦品牌形象遭到破坏，受到损害的不仅是品牌自身，更会使蒙古族的民族文化遭到质疑，使其无故蒙羞。一旦这种情况发生，品牌形象的修复又会是一项非常艰巨的工作。因此，对于内蒙古来说，一旦树立起良好的品牌形象，就应该倍加爱护与珍惜。具体来说，可以从以下几方面来着手进行维护。第一，随时维护品牌形象的核心价值。品牌核心价值是品牌资产的主体部分，是驱动消费者认同、喜欢乃至爱上一个品牌的主要力量。同时也可以凸显品牌形象的独特性，从而使消费者在消费该品牌的产品时能够在等级、身份和高雅形象上得到心理上的满足。第二，不断提升产品质量。对于农产品而言，产品质量是决定品牌形象的首要因素。因此，没有一流的质量，就无法塑造出一流的品牌形象。第三，勇于创新。品牌形象的生命力在于坚持不懈的创新，不断的技术创新可以使品牌形象与众不同，会给品牌形象注入无限的活力，也是品牌形象得以长盛不衰的重要途径。第四，运用法律武器捍卫品牌形象。维护品牌形象最为直接而有力的工具就是法律，因此，在维护农产品区域品牌形象时应该善于运用法律武器来维护良好的品牌形象。

# 8.4 本章小结

本章针对第 7 章中所提出的内蒙古农产品区域品牌竞争力提升路径，着重探讨了使每一种路径能够得以实施的具体对策及建议。其中，基于农业产业集群的内蒙古农产品区域品牌竞争力提升策略包括大力发展以农产品区域品牌为依托的农产品加工产业集群、增强农畜产品加工产业集群的竞争优势、培植农牧业产业化龙头企业集群、引导企业助推农产品区域品牌竞争力提升等；选准伞品牌和区域品牌伞策略的实施主体、采用适宜的区域品牌伞策略路径、制定解决企业品牌和伞品牌冲突的有效机制、加大农产品区域品牌伞的宣传力度、强化作为伞品牌的农产品区域品牌的维护与管理以及培育良好的品牌生态环境是保证农产品区域品牌伞策略得以成功实施的关键。而蒙古族民族文化背景下的内蒙古农产品区域品牌形象构筑策略有明确的品牌形象塑造主体、将蒙古族传统民族文化融入品牌形象、进行品牌形象设计应凸显民族文化元素、强化农产品区域品牌的品牌形象宣传和积极维护农产品区域品牌的品牌形象等。

# 9

## 结论与展望

## 9.1  结论

本书在对国内外相关研究文献进行梳理的基础上，对内蒙古农产品区域品牌的发展现状及其竞争力水平进行了客观描述，通过对农产品区域品牌竞争力影响因素及形成机制的解析，运用模糊综合评价模型对内蒙古农产品区域品牌竞争力的总体水平进行了综合测度，并以测度结果为依据结合内蒙古农产品区域品牌竞争力提升过程中存在的问题，给出内蒙古农产品区域品牌竞争力提升的路径选择，并对每一路径的实施提出了具体的对策建议。

本书研究所得出的结论如下：

第一，通过构建一套全面科学衡量农产品区域品牌竞争力的评价指标体系，对内蒙古农产品区域品牌竞争力的总体水平进行了综合评价。评价结果显示，品牌要素和区域要素是影响内蒙古农产品区域品牌竞争力提升的关键要素，而区域要素中的区域资源基础、农产品区域品牌社会价值对内蒙古农产品区域品牌竞争力来说是极其重要的制约因素；品牌要素中品牌价值及质量也是极其重要的制约因素。相比较而言，产业要素和支持要素对内蒙古农产品区域品牌竞争力的影响程度相对要弱一些；但是内蒙古在上述两个方面仍然处于劣势，尤其是产业要素中农业产业化水平和支持要素中的农产品质量安全体系，有待进一步提高和完善。

第二，内蒙古农产品区域品牌竞争力进一步提升的有效路径是农业产业集群化发展道路、农产品区域品牌伞策略及蒙古族民族特色的品牌形象构筑。在内蒙古农产品区域品牌竞争力综合测度的基础上，结合目前内蒙古农产品区域品牌发展及竞争力现状对可能实现内蒙古农产品区域品牌竞争力的路径进行了分析。内蒙古是中国重要的农畜产品生产基地，这就为农业产业集群尤其是特色农业产业集群的发展提供了依托；虽然内蒙古农产品区域品牌竞争力的总体水平不高，但是其中个别品牌的发展已形成一定的规模，并体现出不菲的品牌资产价值，以这些品牌为伞品牌，在带动其伞下品牌或子品牌的发展及竞争力提升的同时又可以促进农产品区域品牌自身的发展及竞争力的提升；农产品区域品牌除具有独特的品质外，其品牌所蕴含的历史文化也是其发展建设的关键，而蒙古族独特的悠久的民族文化也会使农产品区域品牌及其品牌形象具有更为深厚的文化底蕴，将成为助推农产品区域品牌竞争力的有力工具。

第三，内蒙古农产品区域品牌发展及其竞争力的提升，必须依靠多元主体的共同努力来实现。由于农产品区域品牌竞争力是参与品牌建设的多元主体在竞合机制、学习和创新机制、利益机制与监管机制的支撑下形成的，针对当前内蒙古的具体情况，在众多的参与主体中应该逐渐弱化政府部门的主导作用，强化农产品加工龙头企业和农产品行业协会的领导地位；适时进行角色转换，将农产品区域品牌的发展及其竞争力的提升交由龙头企业和行业协会来实施，而由政府部门进行辅助，这既符合农产品区域品牌持久发展的需要同时也有助于农产品区域品牌竞争力的不断提升。

# 9.2　展望

## 9.2.1　依托"中俄蒙经济走廊"建设，扩展内蒙古农产品区域品牌的发展空间

经济新常态下，我国经济进入了经济与社会发展、百姓生活全面提质的"质量提升"时期。在"中俄蒙经济走廊"的建设中，随着内蒙古与俄蒙贸易的扩容提质，内蒙古与境外交通、通关，与京津冀和沿海发达地区最短距离的综合优势就成为了改变内蒙古进出口对经济增长贡献较小历史的新机遇。

内蒙古与俄蒙经济互补性较强，从贸易结构看，内蒙古从俄罗斯、蒙古国进口国家亟需的煤炭、铁矿石、木材、铜矿砂等资源性商品，出口俄罗斯和蒙古国市场短缺的建材、轻工、日用品、果蔬等商品。内蒙古对俄蒙境内投资建设项目主要集中在铝业开发、矿产开发、房地产开发、森林采伐、种植业、农畜产品加工、餐饮业、运输等领域。而在双向相互投资合作领域中，包括矿产资源开采、粮食、果蔬种植栽培、森林采伐、木材加工等领域。

由此可见，中俄蒙的经济合作中农业是很重要的一个领域。而内蒙古与俄罗斯、蒙古国在地理位置上又具有一定的地缘优势。内蒙古横跨"三北"，与八省区毗邻，承东启西，G6、G7、G110 和京包—包兰线连接华北和西北，是我国东南沿海、京津冀等经济腹地"西出"的重要通道和枢纽。以满洲里、二连浩特为节点的欧亚大陆桥是连接欧亚最便捷的运输通道。已开通了呼和浩特—法兰克福、"津满欧"、"苏满欧"、"粤满欧"、"沈满欧"等"中俄欧"铁路国际货物班列，途经蒙古国、俄罗斯、白俄罗斯、波兰、德国等国家，与海运相比缩短一半运距，运行时间缩短 2/3。同时内蒙古与俄罗斯、蒙古国边境线总长 4261 千米，占全国陆地边境线总长的 19.4%，沿边分布着 19 个旗市和 57 个边境乡镇（苏木）。以此为依托，内蒙古自治区口岸数量得到不断增加，拥有对外开放口岸 16 个。口岸通关能力在全国边境陆路口岸中处于领先水平，中俄间陆路运输的 65% 和中蒙间货物运输的 95% 经过内蒙古自治区口岸。这就为内蒙古与蒙古国、俄罗斯开展农产品贸易提供了十分有利的条件。

内蒙古农牧业资源富集，人文历史悠久，为区域品牌农产品的发展奠定了良好的基础。近年来，内蒙古农产品区域品牌的发展更是方兴未艾，品牌的数量及产品质量都在不断地上升。在"中俄蒙经济走廊"的建设中内蒙古农产品区域品牌大有可为。

### 9.2.2  以"一带一路"为契机，助推内蒙古农产品区域品牌走向国际市场

随着内蒙古农产品区域品牌的逐步发展壮大，走向国际市场将是必然的趋势。但是内蒙古地处我国边疆地区，除与蒙古国、俄罗斯有一定的地缘优势外，与其他国家则不具备明显的区位优势，这就对内蒙古农产品区域品牌迈向国际市场、提升国际竞争力产生了一定的影响和制约。

而"一带一路"战略构想的提出为内蒙古农产品区域品牌走向国际市场提供了良好的契机。"一带一路"是合作发展的理念和倡议，是依靠中国与有关国家既有的双多边机制，借助既有的、行之有效的区域合作平台，旨在借用古代"丝绸之路"的历史符号，高举和平发展的旗帜，主动地发展与沿线国家的经济合作伙伴关系，共同打造政治互信、经济融合、文化包容的利益共同体、命运共同体和责任共同体。"一带一路"贯穿亚欧非大陆，一头是活跃的东亚经济圈，另一头是发达的欧洲经济圈，中间广大腹地国家经济发展潜力巨大。

由此，内蒙古的农产品区域品牌完全可以凭借这一战略构想的提出，推动有实力的农产品区域品牌进军国际市场，提升内蒙古农产品区域品牌的国际竞争力，进而不断地打造出蜚声世界的农产品区域品牌。

# 附　录

附录一
层次分析法的基本步骤

## 一、递阶层次结构的建立

运用层次分析法分析解决相关问题时需要首先将问题条理化和层次化，而后构建出一个层次分析的结构模型。这个模型可以将复杂问题分解为不同的组成部分，通常将这些被分解出来的组成部分称为元素。进而可以将这些元素按其属性分为若干组，形成不同的层次。处于同一层次上的元素作为准则对其下一层次的某些元素将起到支配的作用，而同时它也会受到其上一层次元素的支配。

层次分析结构模型中的层次大体可分为三类：

（1）目标层：这一层次中只有一个元素，一般它是分析问题的预定目标或理想结果；

（2）准则层：这一层次包含了为实现目标所涉及的中间环节，它可以由若干层次组成，包括所需考虑的准则、子准则；

（3）方案层：表示为实现目标可供选择的各种措施、决策方案等。

不同层次之间会形成一种自上而下的支配关系，从而会形成一定的层次结构，这种层次结构我们将其称之为递阶层次结构。一个典型的层次结构表示如附图 1 所示。

递阶层次结构中的层次数一般不受限制，使用者可以根据其所要解决问题的复杂程度和分析问题的详尽程度进行把握。但是每一层次中的元素数量一般不要超过 9 个，因为元素数量过多会给后续两两比较判断带来困难。构建一个好的层次结构对于问题的解决是极其重要的，而这就要求使用这一方法的决策者必须对

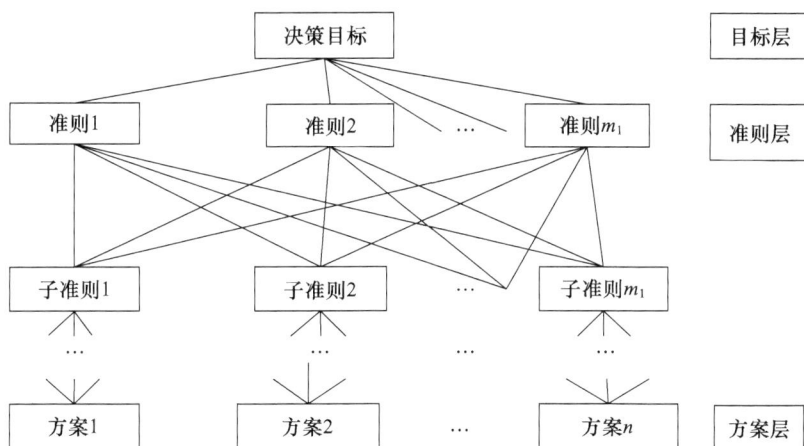

附图1　递阶层次结构示意图

所要解决的问题有全面而深入的认识。除递阶层次结构外，层次分析法中还有循环层次结构、反馈层次结构等用于解决更为复杂问题的层次结构模型。

## 二、构造两两比较判断矩阵

完成递阶层次结构的构建后，不同层次元素之间的支配关系基本就确定了。假设以上一层元素 B 为准则，其所支配的下一层次的元素为 $M_1$，$M_2$，$\cdots$，$M_n$，我们所要做的是要按它们对于准则 B 的相对重要程度给 $M_1$，$M_2$，$\cdots$，$M_n$ 赋予相应的权重。当 $M_1$，$M_2$，$\cdots$，$M_n$ 对于 B 的重要程度可以直接进行定量表示时，它们相应的权重也可以直接确定。但是很多问题尤其是比较复杂的社会经济问题，其元素的权重就很难直接进行定量的表示，面对这一情况层次分析法通常会使用两两比较的方法导出相应元素的权重。

在这一步中，决策者要反复地回答问题：针对准则 B，两个元素 $M_i$ 和 $M_j$ 哪一个更重要，重要多少，并按 1~9 比例标度对重要性程度赋值。附表1中列出了 1~9 标度的含义，这样对于准则 B，n 个被比较元素构成了一个两两比较判断矩阵 $A = (a_{ij})_{n \times m}$，其中 $a_{ij}$ 就是元素 $M_i$ 与 $M_j$ 相对于 B 的重要性的比例标度。显然判断矩阵具有下述性质：$a_{ij} > 0$　$a_{ji} = \dfrac{1}{a_{ij}} a_{ii} = 1$，我们称判断矩阵 A 为正互反矩阵。它所具有的性质，使我们对一个有 n 个元素的判断矩阵仅需给出其上或其下三角的 $\dfrac{n(n-1)}{2}$ 个元素就可以了，也就是说只需作 $\dfrac{n(n-1)}{2}$ 个判断即可。

附表1　1~9标度的含义

| 标度 | 含　义 |
|------|--------|
| 1 | 表示两个元素相比，具有同等重要性 |
| 3 | 表示两个元素相比，前者比后者稍重要 |
| 5 | 表示两个元素相比，前者比后者明显重要 |
| 7 | 表示两个元素相比，前者比后者强烈重要 |
| 9 | 表示两个元素相比，前者比后者极端重要 |
| 2，4，6，8 | 表示上述相邻判断的中间值 |
| 倒数 | 若元素 $i$ 和元素 $j$ 的重要性之比为 $a_{ij}$，那么元素 $j$ 和元素 $i$ 重要性之比为 $a_{ji} = \dfrac{1}{a_{ij}}$ |

### 三、单一准则下元素相对权重的计算

在这一步要根据 $n$ 个元素 $M_1$，$M_2$，$\cdots$，$M_n$ 对于准则 $B$ 的判断矩阵 $A$，求出它们对于准则 $B$ 的相对权重 $V_1$，$V_2$，$\cdots$，$V_n$。相对权重可写成向量形式，即 $V = (V_1，V_2，\cdots，V_n)^T$。这里要解决两个问题，一个是权重计算方法，另一个是判断矩阵一致性检验。

1. 权重计算方法

关于权重的计算存在着各种不同的方法，主要有以下几种：

方法一：和法。

对于一个一致的判断矩阵，它的每一列归一化后就是相应的权重向量。当 $A$ 不一致时每一列归一化后近似于权重向量，和法就是采用这 $n$ 个列向量的算术平均作为权重向量。因此有 $V_i = \dfrac{1}{n} \sum_{j=1}^{n} \dfrac{a_{ij}}{\sum_{k}^{n} a_{ki}}$，$i = 1，2，\cdots，n$，与和法类似的还可用公式 $V_i = \dfrac{\sum_{j=1}^{n} a_{ij}}{\sum_{k=1}^{n} \sum_{j=1}^{n} a_{kj}}$，$i = 1,2,\cdots,n$ 进行计算。

方法二：根法。

如果将 $A$ 的各个列向量采用几何平均，然后归一化，得到的列向量就是权重向量。其公式为：

$$V_i = \frac{\left( \prod_{j=1}^{n} a_{ij} \right)^{\frac{1}{n}}}{\sum_{k=1}^{n} \left( \prod_{j=1}^{n} a_{ij} \right)^{\frac{1}{n}}}，i = 1,2,\cdots,n$$

方法三：特征根法。

解判断矩阵 $A$ 的特征根问题 $A\overline{w} = \lambda_{max}\overline{w}$，这里 $\lambda_{max}$ 是 $A$ 的最大特征根。$w$ 是相应的特征向量。所得到的 $w$ 经归一化后就可作为权重向量。这种方法称为特征根法，是层次分析法中较早提出并被广泛使用且具有重要的理论与应用价值的方法之一。

除上述方法外，还有对数最小二乘法及最小二乘法，由于此两种方法较少应用，因此在这里就不赘述了。

2. 一致性检验

在计算单准则下排序权向量时，还必须进行一致性检验。由于在构造判断矩阵时并不要求判断具有传递性和一致性，这是由客观事物的复杂性与人的认识的多样性所决定的。但判断矩阵既然是计算排序权向量的根据，那么要求判断矩阵有大体上的一致性是应该的。一个混乱的经不起推敲的判断矩阵有可能导致决策的失误，而且上面提到了排序向量的计算方法都是一种近似算法。当判断矩阵偏离一致性过大时，这种近似估计的可靠程度也就值得怀疑了。因此需要对判断矩阵的一致性进行检验。其步骤如下：

①计算一致性指标 C. I.（Consistency Index）。

$$C.\ I. = \frac{\lambda_{max} - n}{n - 1}$$

②查找相应的平均值随机一致性指标 R. I.（Random Index）。

附表 2 给出了 1 ~ 15 阶正互反矩阵计算 1000 次得到的平均随机一致性指标。

附表 2　平均随机一致性指标 **R. I.**

| 矩阵阶数 | 1 | 2 | 3 | 4 | 5 | 6 | 7 | 8 | 9 | 10 | 11 | 12 | 13 | 14 | 15 |
|---|---|---|---|---|---|---|---|---|---|---|---|---|---|---|---|
| R. I. | 0 | 0 | 0.52 | 0.89 | 1.12 | 1.26 | 1.36 | 1.41 | 1.46 | 1.49 | 1.52 | 1.54 | 1.56 | 1.58 | 1.59 |

③计算一致性比例 C. R.（Consistency Ratio）。

$$C.\ R. = \frac{C.\ I.}{R.\ I.}$$

当 C. R. $<0.1$ 时，认为判断矩阵的一致性是可以接受的；当 C. R. $\geq 0.1$ 时，应该对判断矩阵作适当修正。对于一阶、二阶矩阵总是一致的，此时 C. R. $=0$。

# 附录二
## 《农产品区域品牌竞争力评价》调查表

您好！我是东北林业大学经济管理学院的在读博士生，目前我正在进行一项关于农产品区域品牌竞争力评价的研究，现就有关问题向您征询意见。本问卷我会妥善保管，仅供学术研究使用。谢谢您的支持与配合，祝您身体健康、工作顺利！

下表从不同角度对影响农产品区域品牌竞争力的影响进行了描述，请您对它们的重要程度进行评判打分。打分标准为：很不重要（1分）、不重要（2分）、重要（3分）、比较重要（4分）、很重要（5分）。

| 序号 | 评价指标 | 得分 |
|---|---|---|
| 1 | 区域资源基础（包括自然资源、社会资源、特色农业资源等） | |
| 2 | 区域组织管理能力（如市场监管、相关制度建设等） | |
| 3 | 生态环境（主要指区域农业生态环境） | |
| 4 | 区域地理标志的社会价值（如富民效应、地方形象、区域发展等） | |
| 5 | 品牌创新能力（技术创新、文化创新、制度创新） | |
| 6 | 品牌定位（区域市场细分及个性表现能力） | |
| 7 | 品牌价格及质量 | |
| 8 | 品牌知名度与美誉度 | |
| 9 | 农业产业集群发展速度 | |
| 10 | 农业产业化龙头企业 | |
| 11 | 配套型中小企业的发展 | |
| 12 | 农业产业化水平 | |
| 13 | 农产品质量安全体系 | |
| 14 | 信贷环境（企业能否及时解决资金短缺问题，保证生产的正常进行） | |
| 15 | 技术状况（具体指生产者的技术水平、企业的研发人员构成） | |
| 16 | 行业协会的协调和监管 | |

# 附录三　《内蒙古自治区农产品区域品牌竞争力》专家调查表

尊敬的专家：

您好！我们正在进行一项关于内蒙古农产品区域品牌竞争力评价的研究，您的评价是我们研究的重要依据，恳请您在百忙之中协助我们完成这次调查。本问卷需要根据您的理解和认识给出一级指标权重系数并请您回答与之相关的一些问题。本问卷调查的结果仅供学术研究使用，我们会妥善保管问卷。

内蒙古的农产品区域品牌有：武川莜面、托县辣椒、乌海葡萄、河套番茄、乌兰察布马铃薯、磴口华莱士瓜、乌珠穆沁羊肉、苏尼特羊肉、西旗羊肉等，上述品牌仅供您填写本问卷时参考！

**一级指标的权重系数判定**

| 评价对象 | 影响因素 | 权重（%） | 填写说明 |
|---|---|---|---|
| 农产品区域品牌竞争力 | 区域要素（包括区域资源基础、区域组织管理能力、区域生态环境、农产品区域品牌的社会价值等） | | 请您确定左侧四个一级指标各自的权重系数，共计100% |
| | 品牌要素（包括品牌创新能力、市场定位、产品质量、品牌的知名度与美誉度等） | | |
| | 产业要素（包括农业产业集群发展速度、农业产业化龙头企业、配套的中小企业、农业产业化水平等） | | |
| | 支持要素（农产品质量安全体系、信贷环境、技术状况、行业协会的监管等） | | |
| 小计 | | $\Sigma = 100\%$ | |

请将您所认同选项的序号 A、B、C、D、E 或者按 1、2、3、4、5 的顺序填入问题后的横线中。

1. 内蒙古所拥有的区域资源基础（如自然资源、历史人文资源及特色农牧业资源等）_____。

A. 较好　　　　B. 好　　　C. 一般　　　D. 差　　　E. 较差

2. 目前内蒙古农产品市场的监管力度及相关制度建设情况为_____。

A. 较好　　　　B. 好　　　C. 一般　　　D. 差　　　E. 较差

3. 从总体上看当前内蒙古各地域农业生态环境（如土壤、农业用水等）受到污染的程度为_____。

　　A. 非常严重　　　B. 严重　　　C. 一般　　　D. 轻　　　E. 较轻

　　4. 内蒙古现有农产品区域品牌在当地农产品生产者收入的增加、地方形象的树立以及区域经济发展中所发挥的作用表现为_____。

　　A. 非常突出　　　B. 突出　　　C. 一般　　　D. 有限　　　E. 非常有限

　　5. 内蒙古现有的农产品区域品牌所具有的品牌创新能力（如技术创新、文化创新和制度创新等）为_____。

　　A. 较强　　　　　B. 强　　　　C. 一般　　　D. 弱　　　E. 较弱

　　6. 内蒙古农产品区域品牌的市场定位即品牌针对的消费群体和目标市场的确定_____。

　　A. 非常明确　　　B. 明确　　　C. 一般　　　D. 不明确　　　E. 非常不明确

　　7. 内蒙古区域品牌农产品的质量水平为_____。

　　A. 较好　　　　　B. 好　　　　C. 一般　　　D. 差　　　E. 较差

　　8. 内蒙古农产品区域品牌的知名度、美誉度与非农产品区域品牌相比_____。

　　A. 较高　　　　　B. 高　　　　C. 一般　　　D. 低　　　E. 较低

　　9. 内蒙古农产品加工产业集群（如马铃薯加工产业集群等）的发展速度为_____。

　　A. 较快　　　　　B. 快　　　　C. 一般　　　D. 慢　　　E. 较慢

　　10. 内蒙古农业产业化龙头企业的发展状况表现出_____的趋势。

　　A. 较快　　　　　B. 快　　　　C. 一般　　　D. 慢　　　E. 较慢

　　11. 内蒙古与农产品加工龙头企业相配套的中小企业（如食品包装企业等）的发展情况表现出_____的趋势。

　　A. 较快　　　　　B. 快　　　　C. 一般　　　D. 慢　　　E. 较慢

　　12. 内蒙古目前农业产业化所处的水平为_____。

　　A. 较高　　　　　B. 高　　　　C. 一般　　　D. 低　　　E. 较低

　　13. 您认为内蒙古目前的农产品质量安全体系是否健全_____。

　　A. 较健全　　　　B. 健全　　　C. 一般　　　D. 不健全　　　E. 很不健全

　　14. 内蒙古农产品加工企业与其他农产品生产者能否及时获得相关金融机构的资金扶持以保证生产的正常进行即信贷环境的状况为_____。

　　A. 较好　　　　　B. 好　　　　C. 一般　　　D. 差　　　E. 较差

　　15. 内蒙古从事区域品牌农产品生产的生产者技术水平及从事农产品生产加工企业的科研能力总体上看为_____。

　　A. 较高　　　　　B. 高　　　　C. 一般　　　D. 低　　　E. 较低

16. 内蒙古农产品区域品牌创建主体（如各种行业协会、农业经济合作组织等）对品牌的日常管理和监管力度为_____。

A. 较强　　　　B. 强　　　C. 一般　　D. 弱　　　　E. 较弱

您的基本信息：

姓名：　　　　　　　单位：　　　　　　　职称（职务）：

谢谢您的支持和配合！祝您身体健康、工作顺利！

# 附录四　《内蒙古自治区农产品区域品牌竞争力》调查表

您好！我们正在进行一项关于内蒙古农产品区域品牌竞争力评价的研究，您的评价是我们研究的重要依据。本问卷请您对与内蒙古农产品区域品牌发展相关的各方面情况，根据您的了解做出回答。该问卷是您之前所做问卷的延续，恳请您在百忙之中协助我们完成这次调查。本问卷调查的结果仅供学术研究使用，我们会妥善保管问卷。

请将您所认同选项的序号 A、B、C、D、E 或者按 1、2、3、4、5 的顺序填入问题后的横线中。

1. 内蒙古所拥有的区域资源基础（如自然资源、历史人文资源及特色农牧业资源等）_____。

A. 较好　　　B. 好　　　C. 一般　　　D. 差　　　E. 较差

2. 目前内蒙古农产品市场的监管力度及相关制度建设情况为_____。

A. 较好　　　B. 好　　　C. 一般　　　D. 差　　　E. 较差

3. 从总体上看，当前内蒙古各地域农业生态环境（如土壤、农业用水等）受到污染的程度为_____。

A. 非常严重　　B. 严重　　C. 一般　　D. 轻　　　E. 较轻

4. 内蒙古现有农产品区域品牌在当地农产品生产者收入的增加、地方形象的树立以及区域经济发展中所发挥的作用表现为_____。

A. 非常突出　　B. 突出　　C. 一般　　D. 有限　　E. 非常有限

5. 内蒙古现有的农产品区域品牌所具有的品牌创新能力（如技术创新、文化创新和制度创新等）为_____。

A. 较强　　　　B. 强　　　C. 一般　　D. 弱　　　　E. 较弱

6. 内蒙古农产品区域品牌的市场定位即品牌针对的消费群体和目标市场的确定_____。

　　A. 非常明确　　　B. 明确　　　C. 一般　　　　D. 不明确　　　E. 非常不明确

7. 内蒙古区域品牌农产品的质量水平为_____。

　　A. 较好　　　　　B. 好　　　　C. 一般　　　　D. 差　　　　　E. 较差

8. 内蒙古农产品区域品牌的知名度、美誉度与非农产品区域品牌相比_____。

　　A. 较高　　　　　B. 高　　　　C. 一般　　　　D. 低　　　　　E. 较低

9. 内蒙古农产品加工产业集群（如马铃薯加工产业集群等）的发展速度为_____。

　　A. 较快　　　　　B. 快　　　　C. 一般　　　　D. 慢　　　　　E. 较慢

10. 内蒙古农业产业化龙头企业的发展状况表现出_____的趋势。

　　A. 较快　　　　　B. 快　　　　C. 一般　　　　D. 慢　　　　　E. 较慢

11. 内蒙古与农产品加工龙头企业相配套的中小企业（如食品包装企业等）的发展情况表现出_____的趋势。

　　A. 较快　　　　　B. 快　　　　C. 一般　　　　D. 慢　　　　　E. 较慢

12. 内蒙古目前农业产业化所处的水平为_____。

　　A. 较高　　　　　B. 高　　　　C. 一般　　　　D. 低　　　　　E. 较低

13. 您认为内蒙古目前的农产品质量安全体系是否健全_____。

　　A. 较健全　　　　B. 健全　　　C. 一般　　　　D. 不健全　　　E. 很不健全

14. 内蒙古农产品加工企业与其他农产品生产者能否及时获得相关金融机构的资金扶持以保证生产的正常进行即信贷环境的状况为_____。

　　A. 较好　　　　　B. 好　　　　C. 一般　　　　D. 差　　　　　E. 较差

15. 内蒙古从事区域品牌农产品生产的生产者技术水平及从事农产品生产加工企业的科研能力总体上看为_____。

　　A. 较高　　　　　B. 高　　　　C. 一般　　　D. 低　　　　　E. 较低

16. 内蒙古农产品区域品牌创建主体（如各种行业协会、农业经济合作组织等）对品牌的日常管理和监管力度为_____。

　　A. 较强　　　　　B. 强　　　　C. 一般　　　D. 弱　　　　　E. 较弱


您的基本信息：

姓名：　　　　　　单位：　　　　　　　　　　职称（职务）：


谢谢您的支持和配合！祝您身体健康、工作顺利！

# 参考文献

［1］张今. 知识产权新视野［M］. 北京：中国政法大学出版社，2000.

［2］Robert L. Stoll. TRIPS 有关地理标志规定的实施［J］. 商标通讯，1999（7）：4.

［3］许基南，李建军. 基于消费者感知的特色农产品区域品牌形象结构分析［J］. 当代财经，2010（7）：71 – 78.

［4］曹琳. 地理标志产品的品牌化机制与策略研究［D］. 山东大学博士学位论文，2012：26 – 28.

［5］沈鹏熠. 基于模糊综合评价法的农产品区域品牌竞争力测评［J］. 统计与决策，2012（1）：80 – 82.

［6］彭代武，李亚林，戴化勇. 农产品区域品牌竞争力提升研究［J］. 现代商贸工业，2009（11）：93 – 94.

［7］张雅凌. 河南省农产品区域品牌战略研究［D］. 河南农业大学硕士学位论文，2009：2 – 33.

［8］李德立，宋丽影. 农产品区域品牌竞争力影响因素分析［J］. 世界农业，2013（5）：85 – 90.

［9］李羚翎，翁胜斌，佘威，文群艳. 农产品区域品牌成长力因子研究——基于嘉兴市的实证研究［J］. 农村经济与科技，2014，25（2）：18 – 22.

［10］王艳. 论广西农产品区域品牌建设［J］. 消费导刊，2008（1）：37 – 38.

［11］黄俐晔. 农产品区域品牌研究——基于主体、机制的角度［J］. 贵州社会科学，2008（4）：97 – 101.

［12］易亚兰，项朝阳. 试析农产品区域性品牌创建的原则［J］. 华中农业大学学报（社会科学版），2010（1）：36 – 39.

［13］李亚林. 农产品区域品牌：内涵、特征和作用［J］. 企业导报，2010（2）：107 – 108.

［14］胡正明，王亚卓．农产品区域品牌形成与成长路径研究［J］．江西财经大学学报，2010（6）：64－68.

［15］沈鹏熠．农产品区域品牌的形成过程及其运行机制［J］．农业现代化研究，2011（5）：588－591.

［16］赵丽．论农业区域品牌的内涵及建设路径［J］．中国校外教育，2012（5）：38.

［17］林德荣．农产品区域公用品牌成长路径及影响因素研究［J］．青岛农业大学学报（社会科学版），2012，24（2）：23－26.

［18］杨晓丽．我国农产品区域品牌形成路径个案分析［J］．统计与咨询，2013（2）：18－19.

［19］高建军，张瞳光．产业集群视角下的农产品区域品牌形成机理与提升路径探究［J］．当代经济，2014（3）：130－131.

［20］李学工，易小平．农产品区域品牌建设中的"公共物品私人自愿供给"问题研究［J］．兰州商学院学报，2009（2）：65－68.

［21］王志刚，谭梦琳，包书政．日本农产品区域品牌保护制度及其启示［J］．中国农学通报，2010，26（16）：63－67.

［22］王军，李鑫．区域特有农产品品牌整合的政府行为研究［J］．农业经济问题，2014（5）：21－26.

［23］叶培群，徐慧，潘雪峰．农产品区域品牌构建的"四位一体"联动管理模式研究——基于浙江绿茶"母子商标"的调研［J］．现代经济信息，2012（23）：331－332.

［24］曹长省．国外农产品区域品牌的发展启示与中国创新［J］．世界农业，2013（5）：18－22.

［25］王丰阁．龙头企业在农产品区域品牌建设中的策略——基于"智猪博弈模型"［J］．当代经济，2014（15）：88－89.

［26］佟光霁．区域农产品品牌建设的国际经验及对哈尔滨市的启示［J］．决策咨询与通讯，2009（4）：37，41.

［27］任同伟，朱美玲．基于灰色关联模型的新疆农产品区域品牌建设企业意愿度研究［J］．农村经济与科技，2014，25（5）：115－117，100.

［28］王剑芳，赵光洲．产业集群理论下特色农产品区域品牌模式——以云南红河哈尼族彝族自治州为例［J］．安徽农业科学，2011，39（35）：45－47.

［29］李静．内蒙古农产品区域品牌发展战略研究［J］．物流科技，2012（9）：20－21.

［30］杨德桥．内蒙古农产品地理标志法律保护的策略与方法［J］．法制与

社会，2009（8）：284 - 285.

［31］韩弘力，张国龙，杨德桥. 内蒙古农牧产品地理标志的法律保护
［J］. 科学管理研究，2010（4）：73 - 76.

［32］王乐宇. 内蒙古地区地理标志资源保护与利用对策探讨［J］. 内蒙古
财经学院学报，2010（1）：104 - 108.

［33］姜爱林. 竞争力与国际竞争力的几个基本问题［J］. 经济纵横，2003
（11）：48 - 52.

［34］邡红艳. 品牌竞争力影响因素分析［J］. 中国工程科学，2002（6）：
79 - 87.

［35］李光斗. 品牌竞争力［M］. 北京：中国人民大学出版社，2004.

［36］许基南. 品牌竞争力研究［M］. 北京：经济管理出版社，2005：20.

［37］蒋璟萍. 新经济时代的品牌理论——基于本体论视角的品牌竞争力研
究［M］. 北京：中国社会科学出版社，2009.

［38］曹航，闫曦. 品牌竞争力的构成要素分析［J］. 科技创业月刊，2011
（4）：48 - 50.

［39］吕艳玲，王兴元. 品牌竞争力形成的动态机理模型及其提升对策
［J］. 经济问题探索，2012（8）：81 - 85.

［40］莫金玲. 农产品品牌建设——山东平度农产品品牌战略的启示［J］.
华南农业大学学报（社会科学版），2006 增刊：257 - 263.

［41］王保利，姚延婷. 如何评估农产品品牌竞争力［J］. 统计与决策，
2007（1）：47 - 50.

［42］蔡靖杰. 福建农产品品牌竞争力评价——基于品牌权益视角［D］.
福建农林大学博士学位论文，2010：26.

［43］姚春玲. 农业产业集群与农产品区域品牌竞争力提升策略［J］. 农业
现代化研究，2013，34（3）：318 - 321.

［44］亚当·斯密. 国民财富的性质和原因的研究［M］. 北京：商务印书
馆，1972.

［45］［英］李嘉图. 政治经济学赋税原理［M］. 周洁译. 北京：华夏出版
社，2009.

［46］陈永富. 国际贸易理论［M］. 北京：科学出版社，2007.

［47］邵彦敏，李锐. 优势理论分析框架下的创新驱动发展战略选择［J］.
当代经济研究，2013（10）：74 - 78.

［48］［美］迈克尔·波特. 竞争优势［M］. 北京：华夏出版社，1997.

［49］胡列曲. 波特的竞争优势理论述评［J］. 经济问题探索，2004（12）：

21 - 23，137.

［50］吴伟. 西方公共物品理论的最新研究进展［J］. 财贸经济，2004，4（4）：88 - 92.

［51］周燕，杜慕群. 公共物品理论为政府支出行为提供依据的困境［J］. 学术研究，2013（8）：80 - 86.

［52］［美］曼瑟尔·奥尔森. 集体行动的逻辑［M］. 陈郁，郭宇峰，李崇新译. 上海：人民出版社，1994.

［53］沈满洪，谢慧明. 公共物品问题及其解决思路——公共物品理论文献综述［J］. 浙江大学学报（人文社会科学版），2009，11（6）：133 - 144.

［54］杨鑫. 孟德斯鸠地理环境决定论的再认知［J］. 才智，2012（25）：128 - 129.

［55］宋正海. 回归人类古老的生存信仰：地理环境决定论［J］. 山西大学师范学院学报，2000（2）：6 - 12.

［56］李洋，王辉. 利益相关者理论的动态发展与启示［J］. 现代财经，2004（7）：32 - 35.

［57］蒋伏心，李家俊. 企业的利益相关者理论综述与启示［J］. 经济学动态，2004（12）：65 - 68.

［58］付俊文，赵红. 利益相关者理论综述［J］. 首都经济贸易大学学报，2006（8）：2.

［59］翟琇. 内蒙古农牧业经济形势分析及 2013 年发展展望［J］. 北方经济，2012（12）：28 - 31.

［60］浙江大学 CARD 农业品牌研究中心中国农事节庆影响力研究课题组. 2010 中国农事节庆影响力研究报告［J］. 农产品市场周刊，2011（2）：21 - 47.

［61］李丽娜，赵海霞. 内蒙古生态环境建设探讨［J］. 内蒙古林业，2012（6）：12 - 13.

［62］段景春. 内蒙古生态环境问题及其对策［J］. 赤峰学院学报（自然科学版），2010（2）：79 - 80.

［63］唐军. 内蒙古农畜产品加工产业调整突破的主要思路［J］. 经济论坛，2010（5）：32 - 34.

［64］栗林等. 科技促进内蒙古农牧业发展［J］. 畜牧与饲料科学，2012，33（9）：65 - 66.

［65］高翠玲，李主其，郭海清. 新时期内蒙古农牧业发展现状和问题及政策建议［J］. 农业现代化研究，2013（3）：149 - 153.

［66］李亚林. 农产品区域品牌发展研究——以湖北省为例［M］. 北京：

中国科学出版社，2012.

[67] 尚杰，佟光霁. 论绿色食品与农业环境保护 [J]. 学术交流，2000 (1)：17 - 20.

[68] 北京中郡世纪地理标志研究所课题组. 第二次全国地理标志调研报告 [EB/OL]. http：//www. aweb. com. cn. 2011 - 01 - 17.

[69] 金碚. 竞争力经济学 [M]. 广州：广东经济出版社，2003.

[70] 文宇. 农产品区域品牌管理的效率与公平问题探讨 [J]. 人民论坛，2013 (9)：79 - 81.

[71] 薛桂芝. 论我国农产品区域品牌的创建 [J]. 农业现代化研究，2006 (6)：688 - 691.

[72] 周云峰. 黑龙江省绿色食品区域品牌竞争力提升研究 [D]. 东北林业大学博士学位论文，2010：108 - 109.

[73] 浙江大学 CARD 中国农业品牌研究中心. 日本"神户牛肉"：从耕牛到奢侈品符号 [J]. 农产品市场周刊，2013 (12)：52 - 59.

[74] 法国葡萄酒：品牌与文化的融合 [EB/OL]. 食品商务网，2007 - 07 - 07.

[75] 朱丽娟，刘艳彬. 寒地黑土农产品区域品牌创建研究 [J]. 学术交流，2012 (9)：104 - 106.

[76] 胡晓云，程定军，李闯，詹美燕. 中国农产品区域公用品牌的价值评估研究 [J]. 中国广告，2010 (3)：126 - 132.

[77] 胡晓云，陆琪男. 农产品区域公用品牌打造的中国方法——首届中国农产品区域公用品牌建设对话录 [J]. 中国广告，2010 (3)：133 - 136.

[78] 夏小燕. 浅谈法国葡萄酒地理标志制度 [J]. 中国检验检疫，2007 (4)：45.

[79] 丁晓晶. 农业产业集群与农产品区域品牌竞争力提升策略 [J]. 通化师范学院学报，2012，33 (7)：80 - 82.

[80] 朱辉煌，卢泰宏，吴水龙. 企业品牌伞策略新命题：企业—区域—产业品牌伞 [J]. 现代管理科学，2009 (3)：56 - 58.

[81] 胡正明，蒋婷. 区域品牌的本质属性探析 [J]. 农村经济，2010 (5)：89 - 92.

[82] 胡晓云. 中国农产品的品牌化：中国体征与中国方略 [M]. 北京：农业出版社，2007.

[83] 曹艳爱. 农产品区域产业品牌伞策略探析 [J]. 商业研究，2011 (6)：168 - 173.

[84] 别莲蒂，郑秀伦. 影响企业品牌伞策略背书效果的因素 [J]. 中山管

理评论，2004，12/21：269－305.

［85］曹艳爱．论农产品区域品牌伞策略背书效果的影响因素［J］．嘉应学院学报（哲学社会科学），2010（10）：46－50.

［86］曹艳爱．农产品区域品牌伞策略中"伞品牌"的作用机制——一个概念模型［J］．焦作大学学报，2010（4）：39－43.

［87］许基南，李建军．基于消费者感知的特色农产品区域品牌形象结构分析［J］．当代财经，2010（7）：71－78.

［88］赵亚翔，高素英．品牌形象嬗变机理及效能质性研究［J］．商业研究，2012（4）：13－19.

［89］王家宝，秦朦阳．品牌知名度与品牌形象对消费者购买意愿的影响［J］．企业研究，2011（2）：50－51.

［90］周运锦．品牌伞的形成路径及研究主题［J］．中国流通经济，2011（5）：73－77.

［91］杨文剑．农特产品品牌形象建构的设计探索［J］．浙江农林大学学报，2011，28（5）：789－793.

［92］刘景龙．品牌形象的塑造与维护［J］．改革与开放，2010（1）：84－85.

［93］于光军．在"中蒙俄经济走廊"建设中找准内蒙古社会经济发展的着力点［J］．北方经济，2015（9）：64－66.

［94］内蒙古自治区发展研究中心课题组．内蒙古推进"中蒙俄经济走廊"建设的难点、重点及对策［J］．北方经济，2015（9）：34－38.

［95］Schooler Robert. Product Bias in the Central American Common Market ［J］. Journal of Marketing Research，1965，2（4）：394－397.

［96］Michalis Kavaratzis. Place Branding：A Review of Trends and Conceptual Models ［J］. The Marketing Review，2005（5）.

［97］Saitto Osamu. The Strategy and Problem of the Regional Brand——Summary of the Scientific Research ［J］. Bijinesu，Sapoto Jigyo Hokokusho，2005（2）：91－102.

［98］Lilly White，J. M. Allion. C.，Rodriguez. and C. Allision. Regional Branding in a Global Market Place ［R］. New Mexico Chile Task Force Report 21（2005）：1－12.

［99］Derden－Little E.，Feenstra G. Regional Agricultural Marketing：A Review of Programs in California ［EB/OL］. http：//www. sarep. ucdais. edu/cdpp/foodsystems/.

［100］Dipak R. Pant. Papers a Place Brand Strategy for the Republic of Armenia：

'Quality of Context' and 'Sustainability' as Competitive Advantage [J]. Plance Branding, 2005, 1 (3): 273 – 282.

[101] Koike N., Yamamoto Y., Demura, K. Measuring Japanese Cousumer's Evaluation on Regional Brand Power of Agriculral Products: An Approach Using Internet Research Methodology [J]. Review of Agricultural Economics – Hokkaido University, Mar 2006 (62): 129 – 139.

[102] Suzuki S., J. A. Zennoh Niigata (Japan), Kiminami L. Regional and Place Branding of Agricultural Products. Bulletin of the Faculty of Agriculture [J]. Niigata University (sep 2009) 62 (1): 1 – 7.

[103] Johan Bruwer, Ray Johnson. Place – based Marketing and Regional Branding Straegy Perspectives in the California Wine Industry [J]. Journal of Consumer Marketing, Vol. 27 Iss: 1, pp. 5 – 16.

[104] Shu – Weiwu. The Study of Key Success Factors for Regional Brand Development of Agricultural Product in Taiwan [D]. Taiwan University of Science and Technology, 2012.

[105] Stephen Charters, David Menival. Value in the Territorial Brand: the Case of Champagne [J]. Joural of Buriness Research, 2013 (10): 1501 – 1517.

[106] Aaker D. A., Erich Joachimsthaler. Brand Leadership [M]. The Free Press, 2002.

[107] Helpman E., P. Krugman. Market Structureand Foreign Trade [J]. Harverster Press, 1985.

[108] Grossman G. M., E. Helpman. Product Development and Intemational Trade [J]. Journal of Political Economy, 1989, 97 (6): 1261 – 1283.

[109] Grossman G. M., E. Helpman. Comparative Advantage and Long – Run Growth [J]. American Economic Revien, 1990, 80 (4): 796 – 814.

[110] Yang X. & J. Borland. A Microeconomic Mechanism for Economic Growth [J]. Journal of Political Economy, 1991, 99: 460 – 482.

[111] Dollar D. Technical Differences as a Source of Comparative Advantage [J]. American Economic Review, May, 1993, 431 – 435.

[112] G. M. Grossman, G. Maggi. Diversity and Trade [J]. American Economic Review, December, 2000, 90 (5): 1255 – 1275.

[113] Fisher E., V. Kakkar. On the Evolution of Comparative Advantage in Matching Models [M]. Working Paper, February, 2002.

[114] Samuelson P. A. The Pure Theory of Public Expenditure. Review of Eco-

nomics and Statistics, Vol. 36, 1954, 387 – 389.

［115］ G. Hardin. The Tragedy of the Coommons. Science Vol. 162. No. 3859 (1968), 1243 – 1248.

［116］ R. E. Freeman. Steategic Management: A Strakeholder Approach ［M］. Pitman Boston MA, 1984.

［117］ Ronald. K. Mitchell, Bradley. R. Agle and Donna J. Wood: Toward a Theory of Stakeholder Identification and Salience: Defining the Principle of Who and What Really Counts ［J］. Academy of Manageent Review, 1997, 22 (4): 853 – 886.

［118］ Nina M. Iversen, Leif E. Hem. Provenance Associations as Core Values of Place Umbrella Brands: A Framework of Characteristics ［J］. European Journal of Marketing, 2008 (5/6): 603 – 626.

［119］ Aaker D. A. Managing Brand Equity. Capitalizing on the Value of a Brand Nane New York ［M］. Free Press, 1991.

［120］ Aaker D. A., Joachimsthaler E. Branding Leadership ［M］. New york: The Free Press, 2000.

［121］ C. Whan Park, Brenard J. Jaworski, Deborah J. MacInnis. Strategic Brand Concept – Image Management ［J］. Jouranl of Marketing, 1980, (50): 135 – 145.

［122］ Kapferer. Jean – Noel. Strategic Brand Management: New Approaches to Creating and Evaluating Brand Equity ［M］. New York: The Free Press, 1992.

［123］ Jeamine Thal. On the Signaling and Feedback Effects of Umbrella Branding ［M］. Mpra Paper, 2008.

# 后　记

　　2011 年，我考入东北林业大学经济学院，师从王红姝教授。岁月如白驹过隙，转眼已过 4 年。求学的艰难与收获，历历在目，感谢之心充盈于心。

　　衷心感谢导师王红姝教授对我的栽培与教导。感谢王红姝教授在博士论文的选题、开题及写作过程中对我的悉心指导，同时也非常感谢导师在我求学期间给予的支持、鼓励和帮助。导师治学严谨、学识渊博、胸怀豁达，使我受益匪浅。值此博士论文出版之际，再次向导师致以衷心的感谢和崇高的敬意！

　　在求学和毕业论文的撰写期间，得到了东北林业大学经济管理学院诸多老师的关心和帮助，衷心感谢佟光霁教授、尚杰教授、陈红教授及孙正林教授在博士论文开题及预答辩时给出的有益建议，从而使本书能够日臻完善。感谢苏晋老师、朱丽娟老师、师姐杨蓉蓉和同学李慧静的热心帮助，使本书能够如期送审。此外，特别要感谢北京林业大学经济管理学院的张立中教授。作为内蒙古农牧业经济研究领域的专家，张教授在百忙之中为我指点迷津，并对本书的写作提出很多中肯的建议，在此深表谢意！

　　在此还要感谢内蒙古财经大学经济学院的领导和各位同仁，是他们的积极鼓励和在工作中的分担，使我能够专心于本书的写作。特别是要对在本书写作和翻译中给予我帮助的马旭东老师、王锦秋老师表示感谢。此外，对在本书写作中给予我帮助的硕士研究生同学李秀梅、史俊宏和高平亮表示诚挚的谢意。

　　最后要向求学期间一直默默支持我的家人同样致以衷心的感谢，他们的关爱和鼓励让我有足够的勇气和信心完成博士的学习。

　　感谢所有帮助过我的人们！我会更加努力，用实际行动回报生命中的每份关爱！

姚春玲

2015 年 12 月